Jürgen Bolten

Interkulturelle
Kompetenz

Dr. Jürgen Bolten ist Professor für interkulturelle Wirtschaftskommunikation an der Friedrich-Schiller-Universität Jena

Diese Veröffentlichung stellt keine Meinungsäußerung der Landeszentrale für politische Bildung Thüringen dar. Für inhaltliche Aussagen trägt der Autor die Verantwortung.

Landeszentrale für politische Bildung Thüringen
Regierungsstraße 73,
99084 Erfurt 2012
www.lzt.thueringen.de

ISBN: 978-3-943588-03-3

Inhalt

Vorwort zur Neuauflage

Der vorliegende Band stellt gegenüber den bisherigen Auflagen der „Interkulturellen Kompetenz" eine weitere Neubearbeitung dar. Um die Entwicklung und die Aktualität des Themas zu verdeutlichen, haben die vorangegangenen Vorworte immer mit einer quantitativen Bestandsaufnahme begonnen, und es lohnt sich, dies fortzusetzen: Als 1999 die ersten Materialsammlungen zu diesem Band anstanden, ergab eine weltweite Internetrecherche insgesamt 58 Einträge zum Thema „Interkulturelle Kompetenz". Bis Anfang 2001 hatte sich diese Zahl auf 1740 Einträge verdreißigfacht, bei der letzten Überarbeitung des Bandes im Juni 2006 waren es bereits über 1.100.000 Google-Einträge, aktuell (Mai 2012) sind es mit über 2.100.000 noch einmal gut eine Million weitere Links.

Zumindest in quantitativer Hinsicht scheint also einiges bewegt worden zu sein. Und in qualitativer Hinsicht? Einerseits haben engagierte Diskurse und Projekte sowohl in der Aus- und Weiterbildung als auch in der kommunalen und unternehmerischen Praxis dazu beigetragen, dass interkulturelle Kompetenz hinsichtlich ihrer Bedeutung für unser alltägliches Handeln weitgehend akzeptiert ist. Immerhin: Sogar der „Duden" enthält seit 2004 unter dem Stichwort „interkulturell" einen Eintrag. Andererseits kann man sich des Eindrucks nicht ganz erwehren, dass die Einführung vieler kreativer und gut gemeinter Ideen in breite Lebensbereiche nur bedingt gelungen ist. Die Themen, über die in Zusammenhang mit interkultureller Kompetenz in der Öffentlichkeit debattiert wird, sind vielfach dieselben wie zur Jahrtausendwende: Immer noch stehen Integrationskonzepte bei gleich bleibenden Fragestellungen auf dem Prüfstand oder werden Auslandsvorbereitungen nach unverändertem Dos

& Don'ts-Strickmustern durchgeführt. Qualitative Fortschritte oder neue Lösungen gewinnen nur langsam an Boden. Ein wenig scheint interkulturelle Kompetenz eine Angelegenheit der *political correctness* zu sein: man akzeptiert das Grundkonzept, tritt gegebenenfalls auch öffentlich dafür ein – und zieht sich im entscheidenden Moment der interkulturellen Handlungserfordernis zurück. Dies beginnt häufig bereits im Privaten; dort, wo man „Gesicht zeigen" müsste, wo über den guten Willen hinaus auch Initiativen oder schlicht die Taten der Einzelnen gefordert sind. Hier gäbe es bei einer Bestandsaufnahme zweifellos viel Erfreuliches zu berichten. Aber die Zahl der Zauderer ist immer noch zu groß. Und was im privaten Umfeld nicht gelingt, wird in größeren Gemeinschaften erst recht nicht funktionieren. Ein solches Zurückweichen vor einer initiativen interkulturellen Praxis entspringt oft Verhaltensunsicherheiten, die dem neutralisierenden und relativierenden Charakter der *political correctness* geschuldet sind. Insofern ist es für die kommenden Jahre sicherlich auch eine äußerst wichtige Aufgabe, interkulturelle Kompetenz gerade nicht als „political correct" zu verstehen.

Ohne Definitionen von „interkultureller Kompetenz" vorwegnehmen zu wollen: Vor allem gehört dazu, einen selbstbewussten Standpunkt in Bezug auf kulturelle Vielfalt und interkulturelles Handeln vertreten zu können und den Willen zu haben, Vielfalt als Chance zur Entwicklung neuer Ideen zu begreifen. Nur so lässt sich verhindern, dass eine Akzeptanz der gleich(berechtigten) Gültigkeit unterschiedlicher kultureller Positionen in Gleichgültigkeit, in ein „anything goes", umschlägt.

Die Neufassung dieses Bandes greift den aktuellen Diskussionsstand prozessorientierter Sichtweisen auf, der zufolge „Kultur" und „Interkultur" nicht mehr als mehr oder minder geschlossene Strukturen verstanden werden, sondern als offene Netzwerke. In diesem Sinn wird auch „interkulturelle Kompetenz" eher als Prozess denn als Lern*ziel* verstanden. Einen solchen Weg interkultureller Kompetenzentwicklung zu markieren, den Lesern Grundlagen für die eigene „Reise" bereitzustellen und sie auf einen solchen Weg einzuladen, ist wesentliches Ziel dieses Bandes. Diejenigen, die in der interkulturellen Aus- und Weiterbildung tätig sind, werden von dem Band andere Informationen erwarten und erhalten als diejenigen, die sich selbst beruflich auf ein internationales Arbeitsfeld vorbereiten oder die in Migrationsfeldern tätig sind.

Der Band beginnt mit einem eher theoretisch orientierten Grundlagenteil, in dem unter anderem versucht wird, Begriffe wie „Kultur" und „Interkulturalität" zu erklären oder auch unterschiedliche Zugänge zum Kulturverstehen zu diskutieren (Kapitel 1). Stärker beispiel- und fallstudienorientiert werden in den mittleren Kapiteln (2–4) Themen angesprochen und erläutert wie beispielsweise die Kulturgebundenheit unseres Wahrnehmens, die Entstehung von Fremdbildern und Stereotypen, Organisationsformen multikultureller Gesellschaften oder auch das Arbeiten in multinationalen Teams. Während diese Teile des Buches auch als Materialbasis für Unterrichts- und Seminarveranstaltungen im Bereich der interkulturellen Kompetenzvermittlung verwendet werden können, eignet sich das letzte Kapitel vor allem als Orientierungsrahmen für Überlegungen zur Erstellung eigener interkultureller Materialien und Trainings. Hier finden sich einerseits konzeptionelle Vorschläge wie die „Methodenlandkarte" zum interkulturellen Lehren und Lernen, andererseits aber auch eine Reihe von Übungen, die im Rahmen interkultureller Trainings eingesetzt werden können. Den Abschluss bildet ein „Informationspool" mit weiterführenden Lektürehinweisen und Links zu allem, was zum Thema „Interkulturelle Kompetenz" interessant sein könnte.

Abgeschlossen wird jedes Kapitel mit kurzen Zusammenfassungen und Empfehlungen zur praktischen Anwendung sowie mit kleinen Fallbeispielen und Übungen, die dazu anregen sollen, das Gelesene auch in anderen Kontexten als den beschriebenen weiterzudenken.

Parallel zu diesem Band ist in den vergangenen Jahren in Zusammenarbeit zwischen dem Fachgebiet Interkulturelle Wirtschaftskommunikation der Universität Jena, interculture.de und der Landeszentrale für Politische Bildung Thüringen eine Website mit zahlreichen interkulturellen Übungen – teils zum Download, teils zur Direktbearbeitung am Computer – entstanden, die vor allem von Lehrenden als Fundgrube für ihre Arbeit geschätzt wird: www.ikkompetenz.thueringen.de

Um einerseits die Leselust zu wecken, andererseits aber auch Hinweise zu geben, wo für den einen oder den anderen am ehesten die Schwerpunkte bei der Lektüre dieses Bandes liegen könnten, mag der folgende „Selbsttest" einige Anhaltspunkte vermitteln. Er stellt einerseits Themen vor, die in den einzelnen Kapiteln dann intensiver diskutiert werden; andererseits möchte er aber auch Orientierungen hinsichtlich des eigenen Kenntnisstandes geben.

In den meisten Fällen existieren keine richtigen oder falschen Lösungen, und es gibt auch keine Punktzahlen. Aber jeder, der den Test mitmacht, wird bei den einzelnen Aufgaben eine mehr oder minder große Unsicherheit in der Beantwortung bemerken. Das Ausmaß der Sicherheit oder Unsicherheit, mit der man eine Aufgabe abschließt, kann dann als Entscheidungshilfe aufgefasst werden, ob man das entsprechende Kapitel getrost überspringt oder doch intensiver lesen sollte. Auf jeden Fall gilt: Viel Spaß und viel Erfolg!

Interkulturell kompetent? Ein Selbsttest

1. Welche (eventuell auch mehrere) der nachstehenden Definitionen des Begriffs „Kultur" ist Ihrer Meinung nach zutreffend?

❑ Soziale Lebenswelt
❑ „besondere, verfeinerte Lebensweise"
❑ „Ackerbau"
❑ „jede Lebens(um)welt"
❑ „Nation"

2. Welche Aussage ist Ihrer Meinung nach plausibler:

❑ „Jedes Land hat eine Kultur"
❑ „Jedes Land ist eine Kultur"

3. Wie würden Sie „Interkulturalität" definieren?

❑ „Vergleich zwischen zwei Kulturen".
❑ „Ereignis, das zwischen Angehörigen unterschiedlicher Kulturen stattfindet, wenn diese Kontakt miteinander haben".
❑ „Synthese zwischen zwei kulturell unterschiedlichen Gruppen".
❑ „Ein ‚Drittes', das im Kontakt zwischen Angehörigen unterschiedlicher Ausgangskulturen entsteht und mit keiner dieser Ausgangskulturen identisch ist."
❑ „Interkulturell = international".

4. Wahrnehmung funktioniert …

❑ wie das Fotografieren: Realität wird aufgenommen und im Gehirn 1:1 abgebildet
❑ als Konstruktion von Realität
❑ indem wir neue Erfahrungen an bestehendes Wissen anzuknüpfen versuchen
❑ objektiv

5. Die Besonderheiten einer Kultur erklären sich aus

❑ ihrer natürlichen Umgebung
❑ der Art und Weise, wie in dieser Kultur kommuniziert wird
❑ den wechselseitigen Einflüssen in Bezug auf andere Kulturen
❑ aktuellen politischen Machtverhältnissen
❑ angeborenen Eigenschaften der Kulturmitglieder

6. Schätzen Sie, wie weit die in der Tabelle aufgelisteten Städte von Frankfurt/M. entfernt sind (Flugkilometer). Was könnte diese Schätzung mit dem Thema „Fremdheit" zu tun haben?

Zielort	Flugkilometer von Frankfurt/M.
Algier	
Athen	
Dubai	
Helsinki	
Istanbul	
Washington	
Kinshasa	
New Delhi	
Moskau	
Tokio	

7. Von Mitte der Neunzigerjahre an wurde unter den Typenbezeichnungen VW Sharan, Ford Galaxy und Seat Alhambra über zehn Jahre lang ein nahezu identischer Minivan produziert und vertrieben. Obwohl sich die Fahrzeuge auch hinsichtlich des Preises kaum unterschieden, wurden vollkommen unterschiedliche Absatzzahlen erzielt. So wurde der Volkswagen Sharan in Deutschland zeitweise fast doppelt so oft verkauft wie die entsprechenden Ford Galaxy-Modelle und sogar um das Neunfache mehr als der Seat Alhambra. Können Sie dieses Ergebnis erklären? Welche Rolle könnten Fremdbildzuschreibungen hierbei spielen?

8. „Multikulturelle Gesellschaft" heißt...

❏ dass Angehörige verschiedener Kulturen weitgehend konfliktfrei koexistieren können.

❏ dass Angehörige unterschiedlicher Kulturen eine gemeinsame „Leitkultur" befolgen.

❏ dass man seine eigene Identität so weit wie möglich aufgibt und die Verhaltensweisen des Aufenthaltslandes komplett übernimmt.

❏ dass man identitätsstiftende Freiräume der einzelnen Kulturen wahrt und respektiert und trotzdem ein interaktives Miteinander praktiziert.

9. Beim Management interkultureller Prozesse (internationale Unternehmenskooperationen, internationales Teambuilding) ist folgendes Leitprinzip zu empfehlen:

❏ Das wirtschaftlich stärkere Unternehmen sollte in jeder Hinsicht dominieren.

❏ Man sollte sich um eine Synthese der jeweils besten Eigenschaften bemühen.

❏ Man sollte Synergiebildungen fördern und möglichst viel Entfaltungsfreiraum bieten.

❏ Eine vollständige Verschmelzung der kulturellen Unterschiede ist anzustreben.

❏ Die kulturelle Differenz der Partner sollte bewusst gemacht werden.

10. Man weiß, dass Auslandsmitarbeiter deutscher Unternehmen intuitiv sehr unterschiedliche Strategien einsetzen, um Probleme des Auslandsaufenthaltes erfolgreich bewältigen zu können. Welche der nachstehenden Strategien haben Ihrer Meinung nach positive Wirkungen, welche sind eher negativ?

Strategie	Beispiel	positiv	negativ
Negativer Vergleich	„Im Vergleich zum Herkunftsland ist alles schlechter"		
Duldung/ Akzeptanz	Unthematisiertes Sich-Abfinden mit Gegebenheiten, die man eigentlich nicht akzeptiert		
Identitätsbewahrung ohne Anpassungsbereitschaft	Man versucht den eigenen Standpunkt als vermeintlich grundsätzlich besseren durchzusetzen		
Konfrontation	Aggressives Verdeutlichen von entgegengesetzten Standpunkten		
Selbstentlastung	Für Missverständnisse und negative Entwicklungen wird die fremde Situation verantwortlich gemacht		
(Kultur-)Lernen	Beobachtungslernen; permanente interkulturelle Lernbereitschaft; Offenheit gegenüber Fremdem		
Organisationsmaßnahmen	Fähigkeit zur Regeleinführung, zum realistischen Selbst- und Zeitmanagement		
Beziehungsaufbau	Kontakte knüpfen und auf andere zugehen können		
Positiver Vergleich	Situationsaufwertungen vornehmen können; an fremden Erfahrungen das Positive sehen und schätzen lernen		
Problemumbewertung	Probleme nicht übergewichten, sich nicht davon mitreißen lassen und versuchen, bewusst daraus zu lernen		

Wer gezielt nachsehen möchte, wie die jeweiligen Antwort-möglichkeiten in diesem Band diskutiert werden, kann in Bezug auf die einzelnen Testaufgaben folgenden Nachschlageschlüssel verwenden: 1 → Kapitel 1.1.; 2 → Kapitel 1.1.2, 1.1.3; 3 → Kapitel 1.1.5; 4 → Kapitel 2.1, 2.2; 5 → Kapitel 2.3, 2.4; 6 → Kapitel 3.1; 7 → Kapitel 3.2; 8 → Kapitel 3.3; 9 → Kapitel 4.1; 10 → Kapitel 4.2, 4.3; 10 → Kapitel 5.1.

Wie gesagt, die Lösungen zu den einzelnen Fragen sind sehr vielschichtig und auch nicht immer in der (vielleicht gewünsch-ten) Eindeutigkeit formulierbar. Aber mit Nicht-Eindeutigkeiten umgehen, sie „aushalten" und sich selbst Offenheit und Flexibili-tät bewahren zu können, ist – wie wir sehen werden – bereits ein wichtiger Bestandteil interkultureller Kompetenz.

1. Kultur – Kommunikation – Interkulturalität

Die meisten Aus- und Weiterbildungsangebote, die in den vergangenen Jahren zum interkulturellen Lernen entwickelt wurden, sind von der Grundidee geprägt, das Miteinander von Menschen aus unterschiedlichen Sozialisationszusammenhängen zu fördern und zu erleichtern. Gleiches trifft auf die zahlreichen Initiativen zur Förderung der interkulturellen Zusammenarbeit zu sowie auf eine inzwischen unüberschaubare Anzahl einschlägiger Publikationen, Trainings- und Lehrmaterialien. Trotz der gut gemeinten Absichten werden nicht immer Ergebnisse erzielt, die das internationale Zusammenleben auch tatsächlich fördern: Vorurteile werden verstärkt anstatt abgebaut, Verkrampfungen im Umgang mit Angehörigen anderer Kulturen entstehen gerade dort, wo eigentlich ein natürliches, unkompliziertes Miteinander angestrebt wird, und Toleranz wird nicht immer in dem Maße realisiert, wie man es sich gerne wünschen würde.

Eine Ursache für den häufig unsicheren, teilweise auch kontraproduktiven Umgang mit Fremdem und Fremdheit dürfte darin liegen, dass die interkulturelle Thematik bildungspolitisch noch nicht in der Tragweite ernst genommen wird, die ihr in einer Zeit zunehmender Globalisierung eigentlich zustände. „Interkulturelle Kompetenz" kann in der Regel nur in eigener Initiative erworben werden; wobei eigentlich kaum jemand so recht weiß, was unter einem solchen Lernziel genau zu verstehen ist und wie es realisiert werden kann. Vielfach wird auf Erfahrungslernen gesetzt, wobei man allerdings sehen muss, dass die Möglichkeiten hierzu aufgrund eines regional sehr geringen Anteils internationaler Bevölkerung von teilweise unter 2 Prozent (Thüringen, Sachsen-Anhalt, Brandenburg, Mecklenburg-Vorpommern) gering sind. Andererseits wird aber gerade in diese Richtung immer wieder der Vorwurf mangelnder interkultureller Sensibilität und Kompetenz geäußert. Das spricht sich natürlich auch im Ausland herum, sodass gerade ostdeutsche Regionen von Nicht-Deutschen und Migranten eher mit Argwohn betrachtet und folglich gemieden werden: Ein Teufelskreis, der kaum anders auflösbar ist als dadurch, dass interkulturelles Lernen in Kernbereichen der Aus-, Fort- und Weiterbildung verankert wird – und zwar nicht auf diffuser Zufallsbasis, sondern als ein in sich stimmiges Lernkonzept.

Vor diesem Hintergrund wollen wir uns zunächst mit Begrifflichkeiten vertraut machen, die zur besseren Erfassbarkeit der Komplexität von „interkultureller Kompetenz" beitragen. Sie sollen Inhalte und Methoden interkulturellen Lernens gezielt eingrenzen, abwägen und aufeinander abstimmen können.

1.1. Enger und erweiterter Kulturbegriff: „Kultur" als Beziehungspflege? Zur Herkunft des Kulturbegriffs

Definitionen des Kulturbegriffs sind so zahlreich und vielfältig, dass man schon aus diesem Grund Erwartungen an eine verbindliche und „richtige" Bedeutungsregelung enttäuschen muss: „Den" allgemein gültigen Kulturbegriff gibt es nicht.

Eine Ursache hierfür mag in dem etymologisch breiten Spektrum von „Kultur" angelegt sein: Abgeleitet aus dem lateinischen *cultum*, als dem Partizip Perfekt Passiv des Verbs *colere*, bezeichnet Kultur in seiner grundsätzlichen Aussage „etwas, das gepflegt worden ist". Auf welche Bereiche diese „Pflege" bezogen ist, geben die vier Bedeutungen zu erkennen, mit denen colere ins Deutsche übertragen wird: (1) (be)wohnen, ansässig sein, (2) Ackerbau betreiben, bebauen, (3) verehren, anbeten, (4) ausbilden, wahren, schmücken, veredeln.[1]

Die Tätigkeit des Pflegens führt notwendigerweise dazu, dass zwischen Pflegendem und Gepflegtem eine Beziehung aufgebaut wird. In diesem Sinne lässt sich „Kultur" als Prozess und/oder als Ergebnis spezifischer Formen von Beziehungspflege verstehen – und zwar in Hinblick auf:

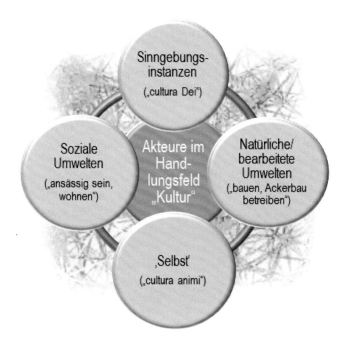

Etymologie des Kulturbegriffs

(1) soziale Kontexte (Soziokultur) → (be)wohnen, ansässig sein
(2) natürliche/ bearbeitete Umwelten (Agri-/ Ökokultur) → Ackerbau betreiben, bebauen
(3) sinnstiftende Instanzen (cultura Dei) → verehren, anbeten
(4) die Person/ das Selbst eines Akteurs (cultura animi) → ausbilden, wahren, schmücken, veredeln

   Die Beziehungen verlaufen nicht einseitig, sondern immer
wechselseitig, reziprok. Das gilt z.B. für das Geben und Nehmen
in sozialen Beziehungen (soziale Reziprozität), für die „Reakti-
onen" der natürlichen Umwelt auf die Art und Weise unseres
Umgangs mit Ressourcen (Umweltreziprozität), aber auch für die
Kraft, die wir aus Sinnkonstruktionen wie Religionen schöpfen

(imaginative Reziprozität) und für die Art und Weise unserer Selbstbeziehungen z.b. in Fragen der Bildung oder des Gesundheitsbewusstseins (Selbstreziprozität).

Soziale Reziprozität, Umweltreziprozität, imaginative Reziprozität und Selbstreziprozität stehen ihrerseits in einem wechselseitigen Zusammenhang: Die Art und Weise, wie soziale Praxis geregelt ist, welche gesellschaftlichen Normen existieren, steht beispielsweise in einem direkten Verweisungszusammenhang mit spezifischen Sinnkonstruktionen der sozialen Akteure. Dies wiederum bestimmt, welche Formen von Selbstbezug akzeptabel erscheinen und welche eher tabuisiert werden. Ähnlich multirelational stellt sich die Umweltreziprozität dar: Welche Ressourcen von Akteuren in Anspruch genommen werden, hängt von der lokalen Verfügbarkeit ab. Dies nimmt unter anderem Einfluss auf die Gestaltung sozialer Beziehungen (Berufs- und Machtstrukturen) und auf die spezifische Ausformung von Sinnkonstruktionen (ein Meeresgott wird in Gebirgsgegenden vermutlich weniger zur Sinnstiftung herangezogen als in Küstenregionen, genauso, wie das Sinnpotenzial protestantischer Wirtschaftsethik in Tropengebieten nur schwerlich nachvollziehbar sein wird).

„Kultur" konstituiert sich in der Vernetzung und als Netzwerk dieser vielfältigen Reziprozitätsdynamiken von Akteuren eines Handlungsfeldes. Sie ist damit grundsätzlich kontextbezogen: Je nachdem, wo ein Handlungsfeld verortet ist, werden die vier Reziprozitätsbeziehungen auf sehr unterschiedliche Weise gewichtet sein: Zunehmende Bevölkerungsdichte wird beispielsweise die Bedeutung sozialer Reziprozität erhöhen, Handlungsfelder in erdbebengefährdeten Gebieten werden stärker auf Umweltreziprozität fixiert sein usw. Das heißt, jedes Akteurshandeln realisiert sich im Spannungsfeld aller vier Reziprozitätsdynamiken – unterschiedlich sind allerdings die Zugkräfte der einzelnen Dynamiken, die sich vor allem unter Relevanzgesichtspunkten bemessen. Und genau hierin unterscheiden sich nicht nur Kulturen, sondern auch „Kulturbegriffskulturen": Je nach aktueller Relevanz und Gewichtung der einzelnen Reziprozitätsbeziehungen werden

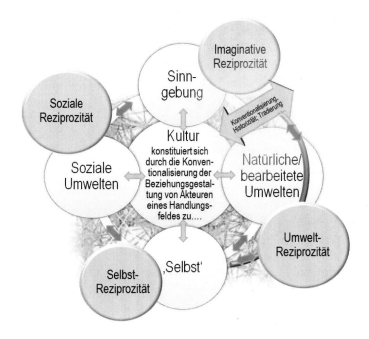

die Akteure eines Handlungsfeldes auch die vier konkurrierenden Bedeutungen des Kulturbegriffs unterschiedlich gewichten
und dementsprechend zu unterschiedlichen Aussagen hinsichtlich dessen gelangen, was sie unter „Kultur" verstehen. Eine gute
Dokumentationsquelle bieten Lexika: So gibt es im Sino-Korea-
nischen kaum Verweise auf Aspekte des Umweltbezugs, in Ban-
tusprachen bedeutet Kultur primär *ubuntu*, Mitmenschlichkeit,
und ist damit auf Sozioreziprozität bezogen. Im Arabischen sind
Hadâra und *Thaqâfa* (Bildung) als Bezeichnungen für „Kultur"
Unterbegriffe zu *Madaniyya* (Zivilisation), wiederum abgeleitet von Madina, der Stadt, in die der Prophet Mohammed 622
geflohen war. Auch im Englischen werden „Kultur" und „Zivilisation" nicht als Gegenbegriffe verstanden – ganz anders als
in italienisch- und deutschsprachigen Lexika, die „Kultur" vielfach immer noch auf hochkulturelle Aspekte der cultura animi

(ausbilden, wahren, schmücken, veredeln) reduzieren und von soziokulturell-zivilisatorischen Kontexten abgrenzen (vgl. Bolten 2009).

Ein in diesem Sinne „enger", auf Ästhetik und „wahres" Künstlertum bezogener Kulturbegriff hat im deutschsprachigen Raum lange Zeit dominiert. Was im Zuge der Kritik am „Bildungsbürgertum" ab den Sechzigerjahren des 20. Jahrhunderts dann mit deutlich abnehmender Wertschätzung als „Hochkultur" in den „Kulturteil" von Tageszeitungen abgedrängt wurde, besitzt innerhalb der Kulturbegriffskultur freilich eine lange Tradition.

1.1.1. Von den Tücken eines engen Kulturbegriffs

Der enge Kulturbegriff geht zurück auf die vor allem von den Philosophen Immanuel Kant und später von Oswald Spengler vertretene Trennung von „Kultur" und „Zivilisation". Diese Differenzierung wirkt noch heute in alltagssprachlichen Wendungen nach, wie etwa: „Zivilisation ist, wenn man eine Gabel besitzt; Kultur, wenn man sie benutzt".

Der Ausspruch verweist auf antike Sichtweisen, „Kultur" im Sinne der cultura animi (Cicero) als Repräsentant des Schönen, Wahren und Guten zu verstehen. Besonders nachhaltig gewirkt hat Platons Interpretation. Er hatte in seinem Höhlengleichnis (Politea, 7. Buch) zwischen der Welt der raumzeitlichen Wirklichkeit und der Welt der Ideen, der Wahrheit, unterschieden. Während die überwiegende „Masse" der Menschen einschließlich der – man würde heute sagen: „trivialen" – Schriftsteller ihr Leben lang in den Niederungen der Höhle gefangen bleiben, besitzt der göttlich inspirierte (Dichter-) Philosoph kraft seiner Erinnerungsfähigkeit („anamnesis") die Möglichkeit, die Höhle zu verlassen und der Idee des Wahren, Schönen und Guten ansichtig zu werden. Seine Aufgabe besteht darin, als Volksaufklärer tätig zu werden, indem er der Masse mitteilt, was er außerhalb der Höhle gesehen hat. Auf diese Weise versucht er, die „Nichtwissenden" zu bilden, zu „kultivieren".

Ein in diesem Sinne auf „Hochkultur" zielender Kulturbegriff verengt und schließt aus, weil er sich logisch nur durch die Setzung seines Gegenteils, eben des „Nicht-Kultivierten", der „Unkultur" (der Masse), erhalten kann: Zum einen unterstellt er ein erhebliches Machtpotenzial der „Sehenden" und Gebildeten gegenüber den „Blinden", Ungebildeten, weil erstere beliebig festlegen können, was „Kultur" ist und was nicht. Zum anderen ist er unhistorisch und damit undynamisch, weil er die philosophischen bzw. religiösen Ideen, denen er sich verschreibt, als „ewig" und unwandelbar ausgibt (was sie nicht sind).

Wer im Sinne Platons eine solche Kraft des „Erinnerns" und der Ideenschau zu besitzen behauptet, erhebt sich – quasi im Banne seiner Selbstreziprozität oder auch als Sprachrohr imaginativer Reziprozität – in den Stand, über andere richten, ihnen „Kultur" zu- oder absprechen zu können. „Entwickelte" Kulturen werden auf diese Weise gegen „naive" Kulturen abgegrenzt und messianisch zu Lehrmeistern gegenüber „Bedürftigen" ausgerufen. Ethische Religionen, aber auch alle anderen Formen dogmatischer Praxis verfahren zum Teil strukturanalog. Und da Wahrheitsansprüche letztlich eben nicht universal, sondern sehr kontextspezifisch sind, drohen sie untereinander immer wieder in Konflikt zu geraten und können dann – im Namen einer „wahren" Kultur – zu Diffamierungen, Unterdrückungen, Menschenrechtsverletzungen und kriegerischen Konflikten führen.

1.1.2. Der erweiterte Kulturbegriff: Kultur als soziale Praxis

Erste deutliche politische Vorbehalte gegenüber dem Alleinstellungsanspruch eines engen, kunstbezogenen Kulturbegriffs wurden in Deutschland in den späten Sechzigerjahren des 20. Jahrhunderts laut – zu einer Zeit, in der mit dem Bildungsbürgertum auch das Elitedenken in Verruf geriet, in der die Akzeptanz von Massenmedien und „Massenkultur" wuchs und die Freiheit zu individueller und sozialer Selbstentfaltung ein ganz entscheidendes Gewicht in der Werteskala erhielt.

Ralf Dahrendorf, seinerzeit in der BRD Parlamentarischer Staatssekretär im Auswärtigen Amt, plädierte dafür, von einem „engen Kulturbegriff der Madrigalchöre" wegzukommen, „hin zu einem weiten Kulturbegriff, in dem beispielsweise die Umweltprobleme ebenso sehr einen sicheren Ort haben, wie Literatur und Kunst, die nicht hinausgeworfen werden sollen, aber die eingebunden werden sollen in ein weiteres Verständnis der menschlichen Lebensverhältnisse".[2]

In ähnlicher Weise sprach sich 1970 der damalige Außenminister und spätere Bundespräsident Walter Scheel für die Verwendung eines erweiterten Kulturbegriffs aus: „Kultur ist kein Privileg mehr für wenige, sondern ein Angebot an alle. Wir dürfen nicht in Ehrfurcht vor Dürer, Bach und Beethoven sitzen bleiben; wir müssen Interesse aufbringen für brennende Fragen der Gegenwart, darunter Erwachsenenbildung, Bildungshilfe, Schulreformen, Umweltprobleme".[3]

Auch wenn der enge („hochkulturelle") Kulturbegriff heute noch verwendet wird, hat sich der „erweiterte" Kulturbegriff inzwischen durchgesetzt. Dieser lebensweltlich orientierte Kulturbegriff ist es auch, mit dem wir notwendigerweise arbeiten, wenn wir uns mit interkulturellem Lernen beschäftigen. Er ist nicht auf das vermeintlich „Besondere" eingeschränkt, sondern umfasst alle Reziprozitätsbeziehungen der Akteure. Hierzu zählen im Sinne der beschriebenen Reziprozitätsbereiche Religion, Ethik, Recht, Technik, Kunst, Bildung ebenso wie beispielsweise die seinerzeit in der Äußerung Scheels erwähnten Umweltprobleme. Gerade der Hinweis auf Umweltkontexte macht sehr deutlich, dass das seit der griechischen Antike immer wieder als Gegensatz diskutierte Verhältnis von „Natur" und „Kultur" nicht im Sinne eines Entweder – Oder verstanden werden kann: Kultur, wenn man sie als Lebenswelt versteht, ist immer durch konkrete Formen der Umweltreziprozität ihrer Akteure charakterisiert. Sie steht – in der einen Richtung beispielsweise über Technologieentwicklungen, in der anderen über Ressourcenvorräte und Klimabedingungen – in einer permanenten Wechselbeziehung mit der natürlichen Umwelt. Zusammenfassend lässt sich festhalten, dass dem erweiterten bzw. lebensweltlich definierten Kulturbegriff im Gegensatz zum engen Kulturbegriff keine zeitlos-statische, sondern eine historisch-dynamische Bedeutung eigen ist. Er bezieht sich vor allem auf soziale Praxis von Akteuren eines konkreten Handlungsfeldes, schließt dabei aber Selbst- und imaginative Reziprozität sowie Umweltbezüge nicht aus.

1.1.3. Geschlossene und offene Varianten des erweiterten Kulturbegriffs

Aber auch der erweiterte Begriff von „Kultur als Lebenswelt" birgt Konfliktpotenzial. Und zwar dort, wo der Versuch unternommen wird, Lebenswelten voneinander abzugrenzen und sie als homogen darzustellen. Dies ist problematisch, weil aufgrund jahrtausende langer Migrationsbewegungen und Kommunikationsprozesse kaum eine Lebenswelt als isolierte und von Außeneinwirkungen unbeeinflusste Kultur denkbar ist. Jede Kultur stellt ein Produkt interkultureller Prozesse dar. Dieses Problem wird in Kauf genommen, um so etwas wie „Cultural Studies", „Kulturkunde" etc. überhaupt durchführen oder um spezifische Merkmale bestimmter Ethnien und Gruppen beschreiben und erklären zu können.

Spätestens seit Mitte der Neunzigerjahre nahmen die Argumentationen zu, die ein solches „Containerdenken" ablehnen. Im Zentrum der Kritik steht dabei insbesondere der unter den Varianten des erweiterten Kulturbegriffs immer noch dominierende nationalstaatliche Kulturbegriff. Zu einer Zeit, in der sich der in jeder Hinsicht klar abgegrenzte, weitgehend autonome Nationalstaat in weiten Teilen der industrialisierten Welt als Auslaufmodell erweist, ist auch ein primär nationalstaatlich orientierter Kulturbegriff nicht mehr unwidersprochen verwendbar. Für den Soziologen Ulrich Beck signalisiert der Globalisierungsprozess die Endphase der bisherigen „Ersten Moderne" und gleichzeitig den Beginn eines neuen Denkens, das der „Zweiten Moderne": *„Globalisierung stellt eine Grundprämisse der „Ersten Moderne" in*

Frage, nämlich die Denkfigur, die A.D. Smith „methodologischen Naturalismus" nennt: Die Konturen der Gesellschaft werden als weitgehend deckungsgleich mit den Konturen des Nationalstaats gedacht. Mit Globalisierung in all ihren Dimensionen entsteht demgegenüber nicht nur eine neue Vielfalt von Verbindungen und Querverbindungen zwischen Staaten und Gesellschaften. Viel weitgehender bricht das Gefüge der Grundannahmen zusammen, in denen bisher Gesellschaften und Staaten als territoriale, gegeneinander abgegrenzte Einheiten vorgestellt, organisiert und gelebt wurden. Globalität heißt: Die Einheit von Nationalstaat und Nationalgesellschaft zerbricht; es bilden sich neuartige Macht- und Konkurrenzverhältnisse, Konflikte und Überschneidungen zwischen nationalstaatlichen Einheiten und Akteuren einerseits, transnationalen Akteuren, Identitäten, sozialen Räumen, Lagen und Prozessen andererseits".[4]

Im Rahmen des aktuellen Globalisierungsgeschehens hätten sich, wie in diesem Kontext gerne argumentiert wird, quer durch nationalstaatliche Grenzen hindurch vor allem ökonomisch, informationstechnologisch und politisch initiierte Vernetzungen etabliert, die über die Schaffung von hybriden oder „transnationalen" Handlungs- und Identifikationskontexten sehr schnell zu einem Brüchigwerden der etablierten Institutionen des Nationalstaates führen würden. Welche Konsequenzen dies für die Verwendung des Kulturbegriffs im Bereich des interkulturellen Lernens hat, wird uns in einem späteren Kapitel noch eingehender beschäftigen. Offenkundig scheint jedoch die Notwendigkeit vorzuliegen, den erweiterten Kulturbegriff unter zwei sehr unterschiedlichen Perspektiven zu betrachten und hier wiederum zwischen einem geschlossenen und einem offenen Kulturbegriff zu differenzieren.

1.1.3.1. Der „geschlossene" Kulturbegriff

Die (mehr oder minder) geschlossenen Varianten des erweiterten Kulturbegriffs stehen in engem Zusammenhang mit den Interessen und den damit verbundenen Sichtweisen derer, die sie – in zumeist pragmatischer Absicht – verwenden. Gemeinsam ist ihnen die Tendenz, Kulturen als weitgehend homogene Einheiten zu beschreiben: Pragmatisch und aus diesem Grunde immer noch verbreitet sind die genannten geschlossenen Varianten des erweiterten Kulturbegriffs vor allem aufgrund der Orientierungsfunktion, die sie in Bezug auf bestimmte Nationen, Ethnien oder auch historische Epochen vermitteln. Das mag in vielen Anwendungskontexten (Auslandsvorbereitung von Managern, internationales Marketing etc.) hilfreich sein, kann aber nicht darüber hinwegtäuschen, dass es sich letztlich um einen fragwürdigen Behelf handelt, da die faktischen Überlappungen und Vernetzungen von Kulturen ebenso wie ihre Veränderungsdynamiken im Grunde genommen jedwede Eingrenzung ausschließen: Kulturen sind keine Container, sie sind – je näher man an sie heranzoomt und sich auf ihre Details konzentriert - weder homogen noch mit dem Zirkel voneinander abgrenzbar, sondern – als Zeichen ihrer Vernetzung – an den Rändern mehr oder minder stark „ausgefranst" zu denken. Es handelt sich um potenziell offene Vernetzungen historisch vermittelter Reziprozitätsverhältnisse. Der Effekt entspricht ungefähr dem Grundprinzip von Mandelbrots fraktaler Geometrie: je stärker man auf einem Satellitenbild z.B. eine Küste heranzoomt, desto mehr Vorsprünge und Einbuchtungen treten zutage und je länger bzw. „fuzziger" wird sie: „Wie lang ist sie denn nun wirklich? Eine nutzlose Frage". (Mandelbrot/ Hudson 2007, S. 188)

1.1.3.2. Der „offene" Kulturbegriff

Dass immer wieder auf die geschlossenen Varianten des erweiterten Kulturbegriffs zurückgegriffen wird, stellt zurzeit einen der größten Widersprüche von Konzeptionen zum interkulturellen Lernen dar. Ein Grund hierfür mag in der einfacheren Handhabbarkeit homogen – abgegrenzter Kulturbegriffe liegen, wobei es natürlich sehr fragwürdig ist, wenn ein Instrument verwendet wird, welches eigentlich nicht das passende ist. Je näher man an einen solchen Prozess heran zoomt, desto verschwommener stellen sich zuvor anscheinend noch klar konturierbare „Kulturgrenzen" dar und desto heterogener erscheint das, was man zuvor noch als homogen empfunden hat. Das Homogene und vermeintlich Kohärente ist deswegen nicht „falsch" und erst recht nicht „verschwunden". Spätestens beim Wegzoomen, bei der Veränderung des Blickwinkels – z.B. aus einem veränderten Erkenntnisinteresse heraus –, erscheint es wieder (wenngleich unter anderen Vorzeichen, weil man jetzt zumindest weiß, dass Homogenität Heterogenität einschließt). Ulrich Beck greift in seiner Diagnose unserer Gegenwart diese Probleme auf. Er sieht die Industriestaaten in einem „Dazwischen", das sich zwischen dem Nicht-Mehr der „Ersten Moderne" und dem Noch – Nicht der „Zweiten Moderne" bewegt. Die „Erste Moderne", an deren Ende sich die großen westlichen Industriestaaten laut Beck befinden, ist charakterisiert durch den Glauben an Strukturen und deren

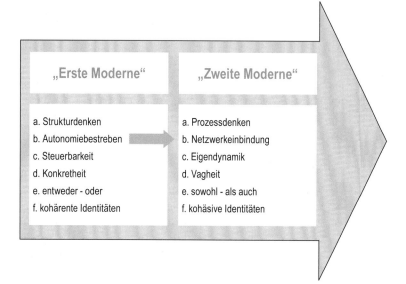

Steuerbarkeit, durch Homogenitätszwänge einerseits und Polarisierungen andererseits.

Dagegen zeichne sich die aufkommende, durch Globalisierungskontexte geprägte, „Zweite Moderne" durch Prozess- und Netzwerkdenken, durch hohe Veränderungsdynamik sowie die Notwendigkeit zur Akzeptanz von Gegensätzen aus.[5] Das Verhängnisvolle dieser Zwischensituation besteht darin, dass Industrie und Politik heute einerseits mit der Architektur der „Zweiten Moderne" befasst sind, dies aber mit Instrumenten der „Ersten Moderne" bewerkstelligen müssen, weil kulturelle und gesellschaftliche Denkweisen noch von der „Ersten Moderne" geprägt sind.

Vor diesem Hintergrund ist auch die beschriebene Unsicherheit im Umgang mit dem erweiterten Kulturbegriff zu verstehen, wobei die geschlossene Variante auf die „Erste", die offene Variante auf die „Zweite Moderne" verweist.

Dementsprechend werden mit dem Zerbrechen der Einheit von Nationalstaat und Nationalgesellschaft sowie der Verbreitung pluralistischer Weltsichten einerseits automatisch auch alle anderen Denkweisen in Frage gestellt, die – geprägt durch diese Einheitsvorstellungen und -zwänge – über Jahrhunderte hinweg Einfluss auf individuelle und soziale Selbstverständigungsprozesse genommen haben.

Dass dieser Wandlungsprozess andererseits eben nicht mit einer Zäsur bei einer „Stunde Null" einsetzt, begründet sich mit dem seit Jahrhunderten tradierten und in gegenwärtigen Bildungsprozessen immer noch verankerten Bestreben nach klaren Kategorisierungen, nach eindeutiger, wenn nicht gar „absoluter" Erkenntnis. Was es heute so schwierig macht, interdisziplinär zu arbeiten, nationalstaatliche und ethnische Grenzen im Alltagshandeln zu verflüssigen oder sich an Prozessen statt an Strukturen zu orientieren, ist im Wesentlichen das hartnäckige Fortbestehen dieser zu Abgrenzung neigenden Denktradition. Sie lässt sich anhand eines Bildes darstellen, das der Philosoph Gottfried Herder 1774 in seiner Schrift „Auch eine Philosophie der Geschichte zur Bildung der Menschheit" verwendet hat. Er bezeichnet dort unter anderem Kulturen und Nationalstaaten als „Kugeln"[6], die den „Mittelpunkt der Glückseligkeit in sich" tragen. Kugeln haben bekanntlich einen konstanten Schwerpunkt, sind klar abgegrenzt, vermessen mit der Bestimmung des „Eigenen" immer auch das Terrain des Anderen, „Fremden" und sind hinsichtlich Größe und Inhalt mathematisch exakt erfassbar.

Heute verlaufen die Globalisierungsvorgänge aus allen Richtungen quer durch die Kugeln hindurch und lassen sie zu Netzwerkbestandteilen auseinanderfallen, die mit „geschlossenen" Kategorien der „Ersten Moderne" kaum mehr erfassbar sind. Wie ist ein in diesem Sinne „offener" Kulturbegriff konkret zu denken? Kulturen definieren sich vor diesem Hintergrund als soziale Lebenswelten wechselnder Größe und Zusammensetzung. Genauso, wie individuelles Selbstverständnis in der Zeit der „Ersten Moderne" in erheblichem Maße durch eine bestimmte nationale Zugehörigkeit bestimmt war, so trifft dies im Globalisierungskontext gerade deshalb weniger zu, weil lebensweltliche Relevanzbezüge häufig auch außerhalb des Nationalstaates liegen. Bedingt durch Mobilität und Kommunikationstechnologie, aber auch durch das Aufbrechen politischer „Container" an der Wende zu den Neunzigerjahren realisiert sich das einzelne Subjekt als zugleich vielseitige und räumliche Identität ohne dabei durch konkrete geographische Fixierungen definiert sein zu müssen.

Lebensgeschichten werden dementsprechend auch nicht mehr von einem Ort oder einem „Land" aus gedacht, sondern vom Lebensprozess selbst. So wie sich individuelle Identität bei räumlicher Ungebundenheit aus mehr oder minder rasch wechselnden Gruppenzugehörigkeiten heraus konstruiert, so ist auch die Frage nach der lebensweltlichen oder kulturellen Zuordnung des Individuums in erster Linie pluralistisch und prozessual zu beantworten. Der Kulturwissenschaftler Klaus Peter Hansen hat in diesem Zusammenhang die Begriffe „Polykollektivität" und „Multikollektivität" eingeführt (Hansen 2009): So wie sich Kulturen (z.B. Gruppen, Unternehmen, Ethnien, Nationalstaaten) demnach aus einer Vielzahl von Kollektiven (i.S. von Subkulturen) zusammen-

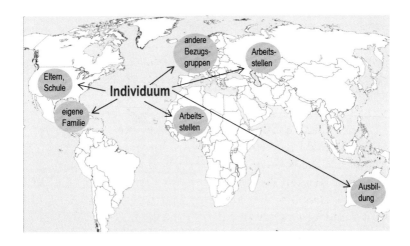

setzen und als polykollektiv bezeichnet werden können, sind die einzelnen Akteure durch Multikollektivität charakterisiert, weil sie gleichzeitig als Mitglieder unterschiedlichster Lebenswelten handeln.

„Eindeutige" Zuordnungsversuche im Sinne des Entweder-Oder-Prinzips zweiwertiger Logiken werden damit zunehmend schwieriger, wie etwa Diskussionen um die kulturelle „Zugehörigkeit" von Migranten der zweiten oder dritten Generation vor Augen führen. Es kann nicht mehr darum gehen, ein Element entweder einer Menge zuzuordnen oder es auszuschließen, sondern darum, Zugehörigkeits- bzw. Vernetzungsgrade von Elementen zu einer Menge zu modellieren. In diesem Sinne sind kulturelle Grenzen heute zunehmend unscharf – oder im Sinne der mehrwertigen Logik „fuzzy". Eine solche „fuzzy culture" ist dementsprechend eher beziehungs- als substanzorientiert aufzufassen: Sie definiert sich vor allem über die Intensität, mit der sich Akteure auf sie beziehen. Die Abbildung auf Seite 32 veranschaulicht dies durch die unterschiedliche Stärke der Beziehungspfeile.

Jeder der Akteure A–E ist über unterschiedlich intensive (bzw. konventionalisierte) Reziprozitätsbeziehungen (Pfeildarstellung) in verschiedene lebensweltliche Strukturen (Familie, Freundeskreise, Ausbildung, Vereine, Unternehmen etc.) einge-

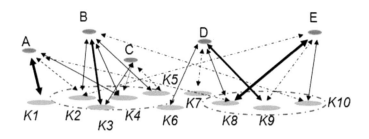

bunden (K1–K10). Diese communities oder „Kollektive" sind als Strukturelemente aufgrund der Multikollektivität der Individuen untereinander vernetzt und dementsprechend durchlässig. Um bei unserem Beispiel zu bleiben: K 8 definiert sich – in dem dargestellten Ausschnitt – über eine hohe Reziprozitätsintensität mit Akteur E und eine etwas geringere mit Akteur D. Dementsprechend ist die Wahrscheinlichkeit hoch, dass Akteur E im Vergleich mit Akteur D stärkeren Einfluss auf die Gestaltung von K8 nimmt und damit auch seine Reziprozitätserfahrungen in Bezug auf K 10, K 2 und K 9 hierbei in höherem Grad einfließen werden als die Reziprozitätserfahrungen von D in Bezug auf K6, K7 und K9. Wenngleich in unterschiedlicher Gewichtung, dafür möglicherweise aber untereinander vernetzt, tragen D und E (neben/ mit vielen anderen auf K 8 referierenden und teilweise untereinander interagierenden Akteursbeziehungen, die in der Abbildung nicht dargestellt sind) dazu bei, dass die inhaltliche bzw. „kulturelle" Dynamik des Kollektivs neue Impulse erhält. Diese Impulse lösen, ähnlich wie bei einem neuronalen Netz, und mit einem nicht zu unterschätzenden Grad an Emergenz, neue Reziprozitätsdynamiken aus, die aufgrund der Multikollektivität der K 8-Akteure in modifizierter Form auch in andere Kollektive Eingang finden und wiederum deren kulturelle Dynamik beeinflussen. Auf diese Weise können Kohäsionsbildungen zwischen den einzelnen Kollektiven initiiert werden wie beispielsweise zwischen K 8, K 9 und K 10.

Identitäten – sowohl auf der Mikroebene von Individuen als auch in Makrobereichen von „Kollektiven" wie virtuellen Teams, internationalen strategischen Allianzen oder transnationalen Unternehmen – sind demzufolge nicht mehr „autonom" und kohärent, sondern kohäsiv zu denken. „Kohäsion" ist hierbei durchaus in naturwissenschaftlichem Sinn gemeint: Wie Wassermoleküle aufgrund von Kohäsionskräften eine Oberflächenspannung erzeugen, aus der sie sich aber zu jeder Zeit „unbeschädigt" auch wieder lösen und anderweitig „andocken" können, so gilt dies auch für lebensweltliche Identitätsbildungsprozesse der „Zweiten Moderne". Begriffe wie „Joint Venture", „multiple Identität" oder auch „Lebensabschnittspartner" sind in diesem Zusammenhang zu verstehen. Verdeutlichen lässt sich dies u. a. am Beispiel des Wandels der Einbindung von Individuen in die Arbeitswelt: Weniger die lebenslange Beschäftigung bei einem Arbeitgeber oder die Tätigkeit in einem bestimmten Beruf wird künftig das dominierende Arbeitsmarktmodell darstellen, sondern die gleichzeitig-multiple Orientierung einer „Ich-AG" an verschiedenen Auftraggebern.

Indizien hierfür sind gegenwärtig die Rückbildung der staatlichen Steuerungskapazität in Bezug auf Sozialleistungen, Mitgliederschwund in den Gewerkschaften, das Outsourcing vor allem der größeren Unternehmen oder die größere Selbstverantwortlichkeit des Einzelnen bei den Neuregelungen zur Altersvorsorge. Ein anderes Beispiel sind Unternehmenskulturen, die immer weniger nationale Bindungen aufweisen. Ganz abgesehen davon, dass ein Markenzeichen wie „Made in Germany" längst abgelöst ist von z.B. „Made by Volkswagen" oder inzwischen sogar von „Made for Volkswagen". Obwohl der im Globalisierungskontext kreierte Begriff der Transkulturalität im Grunde die Existenz von Kulturen generell in Frage stellt, wird kaum jemand leugnen, dass selbst geozentrisch oder multikulturell besetzte virtuelle Unternehmen eine eigene „Kultur" ausbilden – einfach dadurch, dass in der Interaktion ihrer Mitglieder bestimmte Konventionen und Routinen entwickelt werden, die ein Gemeinschaftsgefühl erzeugen.

So einleuchtend die beschriebene Öffnung des Kulturbegriffs in Globalisierungszusammenhängen auch sein mag: man sollte – im Gegensatz zu Beck – bezüglich einer vorschnellen Verabschiedung von Varianten des geschlossenen Kulturbegriffs sehr zurückhaltend sein. Einwenden kann man gegen eine solche „verabschiedende" Sichtweise, dass sie sich zu einseitig an den Vorreitern der ökonomischen Globalisierung orientiert, ohne zu berücksichtigen, dass sich vielerorts Nationalstaatlichkeit im Sinne der „Ersten Moderne" gerade erst etabliert oder neu formuliert (z.B. Kosovo, Afghanistan, Irak, Südsudan), bzw. dass nur ein geringer Teil der Weltbevölkerung in Globalisierungsprozesse eingebunden ist.

In diesem Sinne sind Definitionen des Kulturbegriffs immer abhängig von dem historischen und sozialen Kontext, in dem sie verwendet werden. Weil es dementsprechend keine „richtigen" oder „falschen", sondern nur mehr oder minder angemessene Kulturbegriffe gibt, ist es gerade in interkulturellen Zusammenhängen unverzichtbar, deutlich zu machen, was man meint, wenn man von „Kultur" spricht. Und dies hängt auch zu einem großen Teil von der individuellen Perspektive ab, mit der man sich mit einer spezifischen Lebenswelt befasst: Je näher man an sie heran zoomt, desto verschwommener stellen sich zuvor anscheinend noch klar konturierbare (Kultur)grenzen dar und desto heterogener erscheint das, was man zuvor noch als homogen empfunden hat. Das Homogene und vermeintlich Kohärente ist deswegen nicht „falsch" und erst recht nicht „verschwunden". Spätestens beim Wegzoomen, bei der Veränderung des Blickwinkels – z.B. aufgrund eines anderen Erkenntnisinteresses-, erscheint es wieder (wenngleich unter anderen Vorzeichen, weil man jetzt zumindest weiß, dass Homogenität Heterogenität einschließt).

1.1.3.3. Holistischer Kulturbegriff

Während der enge – meist i.w.s. kunstorientierte – Kulturbegriff weitgehend auf Formen der Selbst- und der imaginativen Reziprozität beschränkt ist, schließt der erweiterte Kulturbegriff grundsätzlich keine der vier Reziprozitätsdynamiken aus, bezieht sich aber vor allem auf Aspekte der Soziorezipozität. Zudem hält er dabei in der Regel an einem Kulturverständnis fest, das sich auf „von Menschen Gemachtes" (→ gr. téchne) bezieht. Die Beziehungen zur Natur werden dementsprechend einseitig linear-monokausal und nicht reziprok gedacht: entweder als Bedrohung der Natur durch die Kultur oder als Bedrohung der Kultur durch die Natur. Der zugrunde liegende Dualismus von Kultur und Natur wird seit der antiken griechischen Philosophie tradiert und bestimmt das Spektrum abendländischer Naturbild-Konstruktionen bis heute durch ein permanentes Schwanken zwischen natur- und kulturdeterministischen Positionen.

Erst seit dem letzten Drittel des 20. Jahrhunderts beginnt sich ein Bewusstsein für das Sowohl-als-auch, für die wechselseitige Vernetztheit beider Bereiche herauszubilden. Wesentliche Impulse hierfür stammen aus der Human- und der Kulturökologie, aber auch aus philosophischen, politischen und ökonomischen Diskussionen um die Realisierung von Nachhaltigkeitsprinzipien. Oder wie der Kulturökologe Peter Finke schreibt:

„Auch die Zukunft der Kultur und die Zukunft der Natur sind koevolutiv miteinander verkoppelt. Ihre begriffliche Trennung wird nicht sinnlos, wohl aber wird es immer wichtiger, beide als Einheit zu sehen" (Finke 2003, 277).

Ein in diesem Sinne aus dem zweiwertigen Natur-Kultur-Gegensatzdenken heraus gelöster Kulturbegriff wird in netzwerkfähigem Sinn unscharf, „fuzzy" und mehrwertig. Er beschränkt sich nicht auf soziale Lebenswelten bzw. soziale Praktiken, sondern schließt mit der Betrachtung der Dynamik komplexer Mensch-Umwelt-Systeme nicht-menschliche Akteure mit ein. Er ist holistisch, ganzheitlich, weil „Kultur" als Netzwerk verstanden wird, in dem sich akteursbezogene Umwelt-, Selbst-, imaginative und soziale Reziprozitätsdynamiken wechselseitig beeinflussen. Die Besonderheiten oder die „Kulturspezifiken" eines solchen Handlungsfeldes resultieren aus unterschiedlichen Zugkräften, mit denen die vier Reziprozitätsdynamiken auf das Akteursverhalten Einfluss nehmen: So wird eine starke Gewichtung imaginativer Reziprozitätsbeziehungen (z.B. Religion) auch entsprechende „Zugkräfte" auf die anderen Reziprozitätsdynamiken nehmen und andere Gestaltungsformen des Handlungsfeldes hervorbringen als dies bei einer geringen Gewichtung der Fall wäre. Was dabei jeweils als Handlungsfeld (und damit als Kultur) perspektiviert wird, hängt von den Interessen und Motiven des Betrachters ab, und erst durch eine kontinuierliche und zugleich kollektive Perspektivierung desselben Handlungsfeldes wird dieses als „Kultur" konstruiert.

1.1.4. Exkurs für alle, die kulturelles Wissen vermitteln möchten: „Erklären" heißt mehr als nur „Beschreiben"

Bei dem Versuch einer genauen inhaltlichen Bestimmung von Kulturen würde selbst die umfangreichste Enzyklopädie scheitern müssen: Gerade weil sie nur auf der Grundlage des Miteinander-Handelns einer Vielzahl von Individuen existieren, lassen sich Kulturen in ihrer Gesamtheit nicht beschreiben; jeder diesbezügliche Versuch kann nur eine Annäherung an das Verstehen einer Kultur darstellen.

Einen Zugang zur Beschreibung von Kulturen erhalten wir am einfachsten über materielle Dinge: Wie Papyrusrollen, Krüge, Statuen oder auch Höhlenmalereien überhaupt erst auf den Lebensvollzug vergangener Kulturepochen schließen lassen, so sind es auch heute „Artefakte", wie die Architektonik von Bürohäusern, Bekleidungsstile oder unterschiedliche Maschinentypen, die eine Wahrnehmung dessen ermöglichen, was für einen lebensweltlichen Zusammenhang prägend ist. So genannte „alltagskulturelle" Artefakte spielen für das spezifische Funktionieren einer Lebenswelt im Übrigen eine wesentlich größere Rolle als etwa die Kunstprodukte einzelner „Genies", die zwar museale Verehrung erfahren, aber für das Alltagshandeln der Kulturmitglieder zumindest unmittelbar nur eine untergeordnete Bedeutung haben: Das was jemanden jeden Tag umgibt, womit man jeden Tag befasst ist, schleift sich als Verhaltenstypik ein – nicht das Besondere und immer auch distanziert zu Betrachtende. So ist beispielsweise eine Beschreibung Deutschlands am Ausgang des 18. Jahrhunderts als „das Deutschland Goethes und Schillers" ebenso fragwürdig wie die Allgemeingültigkeit der Epochenbezeichnung „Klassik": Die Druckauflagen der Werke Goethes und Schillers beispielsweise erreichten seinerzeit nur einen kleinen Bruchteil dessen, was zur gleichen Zeit das heute kaum noch bekannte „Noth- und Hilfsbüchlein" eines vollständig in Vergessenheit geratenen „Trivial"-autors Becker eingespielt hat. Beckers Einfluss auf das zeitgenössische lebensweltliche Denken und Handeln dürfte dementsprechend auch erheblich größer gewesen sein als derjenige der beiden „Dichterfürsten".

Aber auch eine noch so große Sammlung von Artefakten in einem denkbar größten Museum würde nicht ausreichen, um etwa vergangene Lebenswelten beschreiben zu können. Gleiches gilt für die Beschreibung gegenwärtiger Kulturen. Man muss sich darüber im Klaren sein, dass man auf einer solchen Wahrnehmungsebene immer nur eine Auswahl erfasst. Es liegt nahe, dass derartige Dokumentationen wesentlich von der Perspektive und dem Lebensweltkontext des Beschreibenden abhängig sind.

Artefakte oder letztlich alle wahrnehmbaren Dinge können aber auch verstanden werden als „Zeichen" für ein bestimmtes Konzept, das ihnen zugrunde liegt. So ist beispielsweise eine Batterie Zeichen für die prinzipielle Möglichkeit der Stromversorgung, ein Kruzifix Zeichen für eine bestimmte Weltanschauung und ein Denkmal Zeichen für die Hochschätzung einer bestimmten Person.

Hinter identischen Zeichen können sich – kulturspezifisch – durchaus sehr unterschiedliche Konzepte verbergen. Beispielsweise verweist die Bezeichnung oder das Zeichen „Team" je nach Sozialisation entweder auf eine Gruppengesamtheit, oder aber eher auf eine Gruppe im Sinne der Summe einzelner Individuen. Spätestens dann, wenn es um die Zuschreibung von Verantwortlichkeit z.B. bei Produktionspannen geht, offenbart sich die Tragweite der unterschiedlichen Konzepte: im ersten Fall würde das Team als Gesamtes haften, im zweiten sind individuelle Schuldzuschreibungen möglich.

Erst unter Einbeziehung derartiger konzeptioneller Hintergründe wird eine Kultur erklär- und verstehbar. Es geht um das Verständnis von Zusammenhängen, Beziehungsvernetzungen, die zu bestimmten Handlungsregeln und Denkschemata geführt haben. Damit kommen letztlich auch immer historische Perspektiven ins Spiel, die ihrerseits Verknüpfungsmöglichkeiten bieten und Kulturen als offene Netzwerke von – sowohl in der Gegenwart als auch in der Vergangenheit – unendlich vielen untereinander verbundenen Handlungen verstehen lassen.

Um dies an einem Beispiel zu verdeutlichen: Katholische Kirchen sind in Deutschland durchweg prunkvoller ausgestattet als protestantische und laden nicht zuletzt auch deshalb eher zur Andacht ein, weil sie in der Regel ganztägig und nicht nur zu Kirchzeiten geöffnet sind. Erklären ließe sich dies unter anderem im Rückgriff auf die unterschiedlichen Interpretationen des Sündenfalls: Während die Einheit zwischen Gott und Mensch aus protestantischer Sicht unwiederbringlich zerstört ist, ist sie der katholischen Lehre zufolge nur gestört und auf dem Weg von Buße etc. wieder herstellbar. Gerade weil die Bußleistung in der Kirche stattfindet, erhält diese auch eine andere und vielfältigere Funktion als protestantische Gotteshäuser, was sich u. a. in der einladenderen Gestaltung und Ausschmückung äußert.

Der weitere Schritt zum Netzwerkdenken würde jetzt z.B. darin bestehen, Zusammenhänge zwischen dem Gesagten und der erheblich stärkeren Ausprägung des Individualismus in protestantischen und der eher auf Gemeinschaftlichkeit hin orientierten Situation in katholisch geprägten Lebenswelten herzustellen. Von dort aus könnten dann z.B. Beziehungen zwischen Protestantismus und „freier" Marktwirtschaft bzw. Katholizismus und „sozialer" Marktwirtschaft aufgezeigt und erklärt werden.

Zusammengefasst: Ein Verständnis von Kulturen lässt sich nicht mit Auflistungen von Oberflächenphänomenen wie beispielsweise den berüchtigten „Do's und Taboos" oder „Verhaltenskniggen" erzielen, sondern erst im Dreischritt von *Beschreibung* (Was?), *Erklärung* (Warum?) und *Kontextualisierung* (Welche Zusammenhänge?). Auch hier gilt es, sich vor monokausalen (und zwangsläufig homogenisierenenden) Erklärungen zu schützen, indem man einerseits den eignen Blickwinkel und „Zoomfaktor" reflektiert, mit dem man sich mit einer bestimmten Kultur befasst und sich andererseits des immensen (und letztlich unentschlüsselbaren) Vernetzungsgrades von Kulturen bewusst ist.

1.2. „Multikulturelle" oder „interkulturelle" Kompetenz?

Wer beruflich oder privat mit der Betreuung gesellschaftlicher Internationalisierungsprozesse befasst ist, steht häufig im Ruf, „Multikulti" oder „Interkulturalist" zu sein. Dennoch ist es unwahrscheinlich, dass die zugrunde liegenden Begriffe „Multikulturalität" und „Interkulturalität" identisch sind. Schließlich sprechen wir mit großer Selbstverständlichkeit von „interkultureller Kompetenz", während der Begriff „multikulturelle Kompetenz" zumindest ungewöhnlich und sperrig klingt. Entsprechend der lateinischen Bedeutung von multus: „viel, zahlreich", bezeichnet „multikulturell" lediglich den Tatbestand, dass eine Lebenswelt dadurch charakterisiert ist, dass sie sich aus Angehörigen mehrerer Kulturen zusammensetzt. Es handelt sich folglich um eine soziale Organisationsstruktur. Auf die Beziehungen zwischen diesen Lebenswelten verweist jedoch das lat. inter: „zwischen" in dem Wort „Interkulturalität": Gemeint ist hier nicht eine soziale Struktur, sondern ein Prozess, der sich im Wesentlichen auf die Dynamik des Zusammenlebens von Mitgliedern unterschiedlicher Lebenswelten auf ihre Beziehungen zueinander und ihre Interaktionen untereinander bezieht.

„Interkulturell" ist etwas, das sich zwischen unterschiedlichen Lebenswelten ereignet oder abspielt. Eine „Interkultur" ist dann die Bezeichnung dieses Sich-Ereignens. Was bedeutet das jedoch konkret, und wo finden wir „Interkulturen"?

Offenkundig ist zunächst, dass eine solche Interkultur nicht abstrakt z. B. zwischen „den" Europäern und „den" Asiaten, sondern immer nur vermittelt über konkrete Individuen geschehen kann. Interkulturen entstehen folglich dann, wenn Mitglieder unterschiedlicher Lebenswelten miteinander interagieren, denen die Regeln, nach denen bei diesem Zusammentreffen verfahren werden soll, mehr oder minder unklar sind.

Umgekehrt existieren Interkulturen auch nur in Abhängigkeit von den daran Beteiligten und deren Erfahrungen und Erwartungen. Aus diesem Grund „ereignen" sie sich. Interkulturen werden permanent neu erzeugt, und zwar durchaus im Sinne eines „Dritten", das nicht nach den Regeln der Handlungsfelder funktioniert, die von den Interaktionspartner als „eigene" bezeichnet werden, weil sie für sie durch Plausibilität und die Möglichkeit zu Routinehandeln charakterisiert sind. Dementsprechend kann in dieser Begegnung im Sinne eines klassischen Lerneffekts eine vollständig neue Qualität, eine Synergie, entstehen, welche die Beteiligten für sich nicht erzielt hätten. Genauso kann es natürlich zu Missverständnissen kommen.

Auf individueller Ebene lässt sich dies am Beispiel der Unvorhersagbarkeit von Handlungsausgängen demonstrieren: Wenn sich zwei Personen begrüßen, die in den ihnen bekannten Lebenswelten das Ritual des Händeschüttelns auf der einen Seite überwiegend (A), im anderen Fall aber überhaupt nicht praktizieren (B), lässt sich nicht vorhersagen, wie sich die Begegnung tatsächlich vollziehen bzw. wie sich die Interkultur (C) in diesem bestimmten Moment gestalten wird. Welche Form der Begrüßung gewählt wird (Händeschütteln, kein Händeschütteln, Zwischenlösungen oder vollkommen andere Begrüßungsformen) hängt davon ab, welche Möglichkeit die beiden Partner in der konkreten Situation spontan (und keineswegs immer reflektiert) aushandeln. Dieser Aushandlungsprozess ist wiederum durch eine Reihe von Kontextvariablen wie Altersunterschied,

Bekanntheitsgrad, Hierarchiegefälle etc. bestimmt. Er spielt sich in Bruchteilen von Sekunden ab.

Nicht anders funktioniert die Herausbildung neuer Unternehmenskulturen etwa im Rahmen internationaler Akquisitionen oder Fusionen: schlecht beraten wäre, wer von vornherein festlegen wollte, wo genau die neue Unternehmenskultur qua Interkultur „liegen" soll.

1.3. Ohne Kommunikation gäbe es keine (Inter-)Kulturen

Wenn wir überlegen, was notwendig ist, damit Prozesse kulturellen Wandels und interkulturellen Handelns überhaupt stattfinden können, in welcher Weise sie sich „ereignen" bzw. wie Werte, Regeln und Normen Verbindlichkeit erlangen können, werden wir unweigerlich feststellen müssen: Ohne Kommunikation gibt es keine (Inter-)Kulturen. Wie eng Kultur und Kommunikation miteinander verknüpft sind, verdeutlicht auf der folgenden Seite ein Bericht aus dem Menschenrechtsreport Nr. 63 der Gesellschaft für bedrohte Völker (Göttingen 2010, S. 9).

Traditionen, Interpretationsvorräte und Wissensbestände werden erst auf der Grundlage von Sprache und Kommunikation erzeugt. Und gerade weil Konventionen, Regeln, Rituale und alles andere, was als Wissensvorrat unser Handeln bestimmt, über Jahrhunderte hinweg kommunikativ ausgehandelt worden ist, bilden die Medien dieser Kommunikationsprozesse gleichsam die Nabelschnur zu der solchermaßen kommunikativ erzeugten Lebenswelt. Zu diesen Medien zählt wesentlich die Sprache.

Kommunikation beinhaltet allerdings mehr als nur die verbale, sprachliche Ebene: Die Freiheitsstatue in New York, das Layout eines Textes, eine bestimmte Gestik, ein mimischer Ausdruck oder selbst die Art der Polsterung von Konferenzstühlen – sie alle sind Zeichen für etwas; sie kommunizieren, sie „sagen" uns etwas, ohne dies unbedingt mit verbalen Mitteln zu tun.

Sprachenreichtum

Schatz für die Menschheit

„Warum sollen in unserer globalisierten Welt überhaupt Sprachen erhalten werden, die etwa nur noch 50 Sprecher haben? Wäre es nicht besser für unsere Kommunikation, wenn wir alle die gleiche Sprache sprächen?

Die Sprecher der Minderheitensprachen verlieren mit ihrer Sprache das wichtigste Abbild ihrer Kultur. Sie verlieren Bezeichnungen für Pflanzen, Tiere, Orte, Gefühle, religiöse Werte. Sie verlieren ihre Geschichten und die Verbindung zu ihrer Herkunft. Für sie bedeutet der Sprachverlust also einen massiven Identitätsverlust und nicht selten ein kollektives Trauma, das über Generationen fortwirkt. Die Menschheit verliert mit dem Sterben einer Sprache Beispiele für menschliches Denken, für Möglichkeiten, sich auszudrücken. So wie jede biologische Spezies zur Vielfalt des Lebens auf der Erde beiträgt, stellt jede Sprache einen einzigartigen Schatz von Ideen und Ausdrucksmöglichkeiten dar. Dabei sind immer wieder neuartige Facetten der zwischenmenschlichen Verständigung zu entdecken. In vielen Sprachen gibt es nämlich Unterscheidungen nicht, die für uns selbstverständlich sind, oder es werden umgekehrt Konzepte viel differenzierter ausgedrückt. Bekannt ist das Beispiel der Inuit, die viele unterschiedliche Namen haben für das Wort „Schnee".

Auch aus anthropologischer Sicht sind Sprachen von sehr hohem Wert. So wurde die Verwandtschaft von Ketisch, einer nahezu ausgestorbenen Sprache Sibiriens, mit den Navajo-Sprachen der nordamerikanischen Indianer nachgewiesen. Diese Verwandtschaft könnte Beleg für die menschheitsgeschichtliche Verbindung der sibirischen und der nordamerikanischen indigenen Bevölkerung sein."

(Menschenrechtsreport Nr. 63, Göttingen, 2010)

Dass hierbei nicht nur Daten und Informationen vermittelt, sondern bestimmte Aspekte einer Lebenswelt bestätigt, abgelehnt oder neu geschaffen werden, legt die Etymologie des Begriffs „Kommunikation" nahe: So bedeutet „communicare" als das lateinische Ursprungswort nicht nur „mitteilen", sondern auch „etwas gemeinschaftlich machen".

Kommunikationsprozesse vollziehen sich nicht nur im Sinne eines Informationsaustausches, sondern sind grundlegend dafür, dass zwischenmenschliche Beziehungen und damit auch Lebenswelten im Sinne von Kulturen überhaupt hergestellt bzw. „gemeinschaftlich gemacht" werden können. Wo keine Kommunikation stattfindet, kann sich keine Kultur entwickeln und kann keine Interkultur entstehen. Positiv gewendet: Kommunikation bildet in Hinblick auf die Entstehung von Kulturen und natürlich auch von Interkulturen eine unabdingbare Voraussetzung.

1.4. Was heißt „Interkulturelle Kompetenz"?

Aufbauend auf den vorangegangenen Begriffsbestimmungen können wir gegen Ende dieses Kapitels bereits erste Empfehlungen formulieren. Die Empfehlungen lassen sich aus den Diskussionsergebnissen der vorangegangenen Abschnitte ableiten. Die Ergebnisse selbst werden nachstehend jeweils in Thesen zusammengefasst und den Empfehlungen vorangestellt:

• *Entsprechend dem erweiterten Kulturbegriff verstehen wir unter Kulturen Lebenswelten, die sich Menschen durch ihr Handeln geschaffen haben und ständig neu schaffen. Diese Lebenswelten existieren ohne Bewertungsmaßstäbe. Sie basieren nicht auf einer Auswahl des Schönen, Guten und Wahren, sondern umfassen alle Lebensäußerungen derjenigen, die an ihrer Existenz mitgewirkt haben und mitwirken. Hierzu zählen auch Religion, Ethik, Recht, Technik, Bildungssysteme sowie alle weiteren materiellen und immateriellen Produkte. Ebenso stehen sie in Wechselwirkung mit Prozessen der natürlichen Umwelt.*

Erste Empfehlung: Um die eigene und fremde Kulturen angemessen verstehen zu können, müssen möglichst zahlreiche Äußerungsformen dieser Kulturen in gleichberechtigter Weise berücksichtigt werden. Unzulässig ist hierbei eine Differenzierung in höher- oder minderwertige Kulturprodukte, wie es z. B. dem engen Kulturbegriff verpflichtete Kanonbildungen zu suggerieren versuchen. Dies trifft auch auf Kulturvergleiche zu: es gibt keine mehr oder minder „fortschrittlichen" oder „weiter entwickelten" Kulturen, da es sich immer um sehr spezifische komplexe Systeme handelt, die sich derartigen Vergleichen gerade deshalb entziehen, weil die gemeinsame Vergleichsbasis fehlt. Andererseits darf die angemahnte gleiche Gültigkeit von Kulturen nicht mit Gleichgültigkeit verwechselt werden: Die mit dem lebensweltlichen Kulturbegriff angestrebte Wertneutralität schließt keineswegs z. B. eine Kritik an der Verletzung von Menschenrechten aus.

• *Kulturen sind historisch zu großen Teilen Resultat interkultureller Prozesse, zu denen insbesondere Migrationsbewegungen, Handelsbeziehungen und Kolonialisationen zählen. Folglich existieren zwischen Kulturen mehr oder minder große Überlappungen: Kulturen sind an ihren Rändern unscharf, „fuzzy", und lassen sich nicht im Sinne von Containern als homogene Einheiten darstellen.*

Zweite Empfehlung: Auch wenn es aus pragmatischer Sicht ratsam erscheint, zur besseren Orientierung beispielsweise von einer „französischen" oder einer „deutschen" Kultur zu sprechen, sollte man sich bewusst sein, dass derartige Etikettierungen immer Generalisierungen und Ungenauigkeiten enthalten: Die Deutschen oder die Franzosen gibt es nicht. Es gibt allenfalls Millionen deutscher und französischer Individuen, die jeweils über eine gemeinsame Sprache, teilweise auch über ähnliche Sozialisations- und Bildungswege etc. verfügen, die aber als Individuen durchaus auch vollkommen „untypisch" sein können (und damit letztlich erst bewirken, dass Kulturen sich hinsichtlich der akzeptierten Werte, Verhaltensweisen etc. verändern). Insofern ist Vorsicht geboten bei Ratgeber-Büchern, die Kulturen kategorisieren (z. B.

in „autoritäre", „polychrone", „männliche", „kontextorientierte" etc.). Auch wenn man es nicht möchte, der Stereotypenbildung wird auf diese Weise Vorschub geleistet.

• *Wie Kulturen wahrgenommen und beschrieben werden, hängt immer von dem Blickwinkel und den Interessen des Beschreibenden ab – unter anderem auch davon, wie stark er an seinen Gegenstandsbereich „heranzoomt". Eine Nahperspektive wird viel detaillierter Auskunft geben können, während eine Makroperspektive eher der Orientierung dient, aber auch stereotypenanfällig sein kann.*

Dritte Empfehlung: Ebenso wichtig wie die Beschreibung von Kulturen ist die Erklärung ihrer historisch gewachsenen Systemzusammenhänge. Reiseberichte, Reiseführer oder Kulturinformationen widmen sich zumeist nur der Beschreibungsebene. Beschränkt man sich auf eine solche Beschreibung, kann dies leicht zur Folge haben, dass man aus Unkenntnis der Hintergründe bestimmte Sachverhalte nicht als Resultate einer eigenständigen fremdkulturellen Entwicklung versteht, sondern dass man sie aus der Perspektive eigenkultureller Normen etc. interpretiert. So passiert es häufig, dass z.B. bestimmte Handlungen aus deutscher Sicht unter „Korruption" verbucht werden, die aus der Perspektive anderer Kulturangehöriger vollkommen selbstverständlich und moralisch korrekt erscheinen. Um derartigen Fehlinterpretationen und Missverständnissen vorzubeugen, sollte Kulturwissen immer auch historisch untermauert sein. Wichtig ist es hierbei, Entwicklungszusammenhänge zu verstehen. Dies schließt jedwedes faktenhistorische Vorgehen („Zeittafeln") und erst recht monokausale Erklärungsversuche aus. (→ 2.+ 3.Kapitel).

• *Kulturen repräsentieren im Wesentlichen Produkte jahrtausendelanger Kommunikationsprozesse. Normalität, Plausibilität und Sinnhaftigkeit sind die entscheidenden Elemente, um eine Lebenswelt als „eigene" anerkennen zu können. Sie werden von den Mitgliedern einer Kultur permanent kommunikativ bestimmt. Dies kann in bestätigender Weise geschehen, indem man bereits*

Kommuniziertes in unveränderter Form verwendet, wie zum Beispiel Gesetze und Gesetzesauslegungen, Umgangsformen, Curricula oder auch technische Werkzeuge. Es kann aber auch mit Veränderungsabsichten geschehen, indem man das Bestehende in Frage stellt, neue Lösungsmöglichkeiten kommuniziert und damit zumindest zu minimalen Veränderungen dessen beiträgt, was „normal" oder „plausibel" ist.

Vierte Empfehlung: Gerade weil sich Kulturen als historisch gewachsene Resultate von Kommunikationsprozessen darstellen, sollte ihre Beschreibung sinnvoller Weise auch an konkreten Kommunikationsprodukten orientiert sein, wobei natürlich insbesondere solche Quellen aufschlussreich sind, die derartige Kommunikationsprozesse thematisieren. Kulturbeschreibungen, die sich an abstrakten und von „außen" angetragenen Kategorien, Kulturstandards o. ä. orientieren, werden hingegen eher zu Stereotypisierungen neigen, weil die Perspektive und die kulturelle Verankerung des jeweils Beschreibenden in viel stärkerem Maß zum Tragen kommt.

• *Interkulturen sind dynamisch als Ereignisse des Zusammentreffens von Angehörigen unterschiedlicher Kulturen zu verstehen. Sie besitzen insofern prozessualen und nicht räumlichen Charakter. Interkulturen stellen keine Synthesen, sondern Synergiepotenziale dar. Ob und in welcher Weise sich Synergien entfalten, ist weitgehend situationsabhängig und insofern unvorhersagbar.*

Fünfte Empfehlung: So verlockend es auch sein mag, sich an Verhaltensregeln für den Umgang mit Angehörigen fremder Kulturen zu orientieren: Listen von „Dos und Taboos", ein „Kultur-Knigge" oder ähnliches nützen in der Regel nur wenig, weil sich im interkulturellen Kontakt niemand so verhält, wie er es in der eigenen Kultur tun würde (und für die derartige Verhaltensregeln in sehr generalisierender Form vielleicht noch annähernd gelten mögen). Das Verhalten in interkulturellen Situationen wird hingegen wesentlich durch Fremdbilder, durch vorangegangene interkulturelle Erfahrungen, durch den Bekanntheitsgrad der interagierenden Personen oder auch durch die gewählte

Sprache bestimmt (→ 3. + 4.Kapitel). Um in solchen Situationen erfolgreich handeln zu können, bedarf es vor allem verhaltensbezogener Kompetenzen wie Einfühlungsvermögen, Rollendistanz, Toleranz, Flexibilität oder auch der Fähigkeit, Widersprüche „aushalten" zu können. Vermittelt werden diese Kompetenzen im Rahmen interkultureller Sensibilisierungstrainings (→ 5.Kapitel).

1.5. Zum Nach- und Weiterdenken

1. „Leitkultur" – ein sinnvoller Begriff?
Der Ende der Neunzigerjahre in die politische Diskussion eingeführte Begriff „Leitkultur" hat im Rahmen der Auseinandersetzungen um den im Zuwanderungsgesetz vorgesehenen „Einbürgerungstest" immer wieder zu sehr heftigen Kontroversen geführt. Um diesen Test inhaltlich gestalten zu können, müssen Verhaltensgrundsätze, Werte etc. formuliert werden, die als wesentliche Bestandteile einer deutschen „Leitkultur" verbindliche Gültigkeit für Zuwanderer erlangen sollten. *Versuchen Sie zu begründen, warum ein solches „Leitkultur"-denken dem engen Kulturbegriff zuzuordnen ist.*

Frankfurter Rundschau, 02.11.2000 © Mussil

2. Was heißt eigentlich „Nation"?

Begriffsdefinitionen spiegeln immer auch das historische Selbstverständnis derjenigen, die diese Definitionen vornehmen – was den engen Zusammenhang von „Kultur" und „Kommunikation" nur noch einmal bestätigt.

Nachstehend finden Sie Definitionen des Rechtschreib-Dudens zu den Begriffen „Nation" und „national" aus den Jahren 1941, 1958,1967 und 2006.

Vergleichen Sie die Definitionen und überlegen Sie, inwieweit die begriffsgeschichtliche Entwicklung als eine zeit- oder kulturgeschichtliche dargestellt werden kann. Entdecken Sie in diesem Beispiel Belege dafür, dass Kultur als Kommunikationsprodukt (und umgekehrt) verstanden werden kann?

1941	1958

Nation [l.] ((durch »Geburt« zusammengehöriges] Volk; Staatsvolk) ‖ national (vaterländisch, völkisch, volkstich) ‖ Nationale † (Stammrolle; Personenbeschreibung) s.; _s, _ ‖ Nationalfeiertag, _gefühl ‖ nationalisieren ([einem Staats-, Volksverband] einverleiben, einbürgern) ‖ Nationalisierung ‖ Nationalismus (betontes und selbstsicheres Volkstums- u. Staatsbewußtsein) m.; _, ..men ‖ Nationalist ‖ nationalistisch; _[e]ste (R. II, 6) ‖ Nationalität

Nation *lat.* (Staatsvolk); national (das Staatsvolk betreffend; vaterländisch); Nationalbank; Nationale (veraltet für: Stammrolle; Personenbeschreibung) *s*; -s, -; National_farben *Mehrz.*, ...gefühl, ...gericht, ...hymne; nationalisieren ([einem Staats-, Volksverband] einverleiben; verstaatlichen); Nationalisierung; Nationalismus (übertriebenes Volkstums- u. Staatsbewußtsein) *m*; -, ...men; Nationalist; nationalistisch; -ste (vgl. S. 58, 1, b); Nationalität (Volkstum; Volkseigenheit; Staatsangehörigkeit); Nationalitäten_frage, ...staat (Mehr-, Vielvölkerstaat);

1967	2006

Na|ti|on *lat.* [...*zion*] (Staatsvolk); na|tio|nal; -es Interesse, aber (vgl. S. 58, R 224): Nationale Front (Ostdeutschland: Zusammenschluß aller polit. Parteien u. Organisationen in Ostdeutschland unter Führung der SED 1949); Nationales Olympisches Komitee (Abk.: NOK);

Na|ti|on, die: -, -en ⟨lat.⟩ (Staatsvolk); na|ti|o|nal; nationales Interesse; nationale Unabhängigkeit, Einigung, Kultur; ↑K150: Nationales Olympisches Komitee (*Abk.* NOK)

2. Wir wissen nicht, was wir tun: Zur Kulturgebundenheit unseres Wahrnehmens, Denkens und Handelns

Zahlreiche Versuche international agierender Unternehmen, Produkte oder auch Produktwerbung weltweit anzugleichen, sind in der Vergangenheit häufig daran gescheitert, dass kulturspezifische Gewohnheiten, Geschmäcker und Wahrnehmungsformen nicht hinreichend berücksichtigt worden sind. Selbst die „Global Brands" sind keine „Welt"-marken im Sinne universal standardisierter Produkte. Ein Weichspülmittel wie „Vernell" enthält länderspezifisch unterschiedliche Geruchsstoffe, und der „Nescafe" in Italien ist beispielsweise wesentlich schärfer gebrannt als der in England.

Derartige Unterschiede bestehen vor allem deshalb, weil sich in den einzelnen Regionen über Jahrhunderte hinweg sehr unterschiedliche Erfahrungs- und Wahrnehmungsgewohnheiten herausgebildet haben, die noch heute in der einen Kultur als „normal" erscheinen lassen, was in einer anderen Kultur vollkommen unakzeptabel wäre. Ursachen hierfür sind z. B. spezifische klimatische Verhältnisse, besondere Technologien oder auch konzeptionelle Eigenarten von Sprachen. Dies lässt sich gut am Beispiel eines Vergleichs von Kopfschmerzmittelwerbung für Europa einerseits und für arabische Länder andererseits zeigen: Die in der europäischen Werbung verwendete Bildfolge (der von links nach rechts weisende Weg vom Leiden zur Erleichterung) muss in arabischen Ländern aufgrund der von rechts nach links verlaufenden Schreib- und Leserichtung umgekehrt werden, da man ansonsten der für das Arabische „normalen" Wahrnehmungsbewegung nicht gerecht würde:

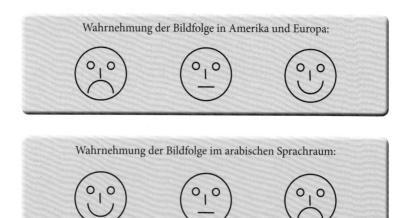

Wahrnehmung der Bildfolge bei Kopfschmerzmittelwerbung

Viele interkulturelle Missverständnisse und Probleme resultieren daraus, dass man sich der Kulturgebundenheit der eigenen und der Wahrnehmung seines fremdkulturellen Partners nicht hinreichend bewusst ist: Es werden Dinge und Sachverhalte unhinterfragt als „normal" angesehen, die für die Wahrnehmungsgewohnheiten des anderen keineswegs plausibel sind.

Um derartige Missverständnissituationen grundsätzlich verstehen zu können, ist es zunächst wichtig, mit der Funktionsweise von Wahrnehmungsvorgängen im Allgemeinen vertraut zu sein (2.1). Hierauf aufbauend können wir einen Schritt weiter gehen und fragen, warum Wahrnehmungsprozesse notwendigerweise kulturell geprägt sind (2.2) und welche Funktion das Konstrukt des „kollektiven Gedächtnisses" in diesem Zusammenhang übernimmt (2.3). Wie sich zeigen lässt, bilden sich „kollektive Gedächtnisse" im Rahmen von Tradierungsvorgängen langfristig heraus – und zwar vermittelt durch Kommunikation. Für ein besseres Verständnis des Zustandekommens der Kulturspezifik und damit eines bestimmten „kulturellen Stils" unseres Wahrnehmens, Denkens und Handelns ist es aufschlussreich zu klären, wie derartige Kommunikationsprozesse verlaufen (2.4).

2.1. „Perceptas" – wie Wahrnehmung funktioniert

Wer sich mit der Funktionsweise von menschlichen Wahrnehmungsprozessen beschäftigt, wird in der Regel zuerst auf neurophysiologische Sachverhalte stoßen. Hierzu zählen vor allem Darstellungen über die Struktur und Organisation des Gedächtnisses, die mit Fragen der Kulturspezifik unseres Wahrnehmens erst einmal nicht zusammenzuhängen scheinen. Es geht unter anderem um Sinnesphysiologie, Analysen von Faser-und Zellfunktionen in neuronalen Netzwerken oder um Reizleitungsmechanismen, wobei davon ausgegangen werden kann, dass derartige Funktionen universell gültig sind. So ist beispielsweise die Annahme der universellen Existenz eines „sensorischen Filters" durchaus plausibel. Ein solcher Wahrnehmungsfilter fungiert als eine Art Schutzmechanismus gegenüber potentiellen Reizüberflutungen. Gäbe es einen solchen Filtermechanismus nicht, wäre jegliches „Konzentrieren" und jede Form strukturierten Wahrnehmens ausgeschlossen. Wir wären Spielball der gigantischen Reizmengen, die permanent auf unser sensorisches Register einwirken.

Offenkundig ist aber andererseits, dass die Reizmengen, denen der Mensch ausgesetzt ist, je nach Lebensumwelt sehr unterschiedlich sein können. Dementsprechend sind vermutlich auch die Filtermechanismen unterschiedlich strukturiert, was z.B. in Hinblick auf die zugelassene Reizmenge und die Definition von „Reizüberflutung" Auswirkungen haben kann.

Bereits an dieser Schnittstelle von natürlicher und sozialer Umwelt sind Wahrnehmungsprozesse als kulturspezifisch beschreibbar: Reizüberflutung setzt bei jemandem, der in Istanbul lebt und aufgewachsen ist, unter ganz anderen Bedingungen ein, als dies bei dem Bewohner eines einsamen Bergdorfs der Fall ist. Insofern ist deutlich, dass es sich bei Wahrnehmungen um subjektiv geprägte Prozesse handelt.

2.1.1. Wahrnehmung ist selektiv und subjektiv

Jeder, der schon einmal mit dem Flugzeug in ein anderes Land geflogen ist, hat die Erfahrung gemacht, dass er spätestens nach dem Verlassen des Flughafengebäudes mit einer Vielzahl von visuellen Eindrücken, mit Geräuschen und Gerüchen konfrontiert ist, die ihm unbekannt sind, und die er zunächst auch nicht „einordnen" kann. Die Wenigsten werden Zeit und Muße finden, um – womöglich mit einer großen Menge an Gepäck – in Ruhe alle Eindrücke auf sich wirken zu lassen und zu staunen. Im Gegenteil: Der Reisende wird zunächst versuchen, Vertrautes und Bekanntes zu entdecken, um eine allgemeine Orientierung zu finden. Dass dabei im Sinne einer Schutzfunktion notgedrungen unzählige potenzielle Sinneseindrücke „herausgefiltert" und dementsprechend auch nicht wahrgenommen werden, ist nahe liegend. Insofern unterscheidet sich unser Filtervorgang in grundlegender Weise von dem eines einheimischen Taxifahrers, der jeden Tag an der Ankunftshalle auf seine Gäste wartet.

Viele potenzielle Sinneseindrücke sind uns sogar überhaupt nicht erschließbar, wenn wir etwa an die Tonfrequenz von Insektenschutzgeräten oder an Gerüche denken, die nur Fische, nicht aber Menschen wahrnehmen können.

Eine „objektive Realität" existiert nicht – Realität ist immer das, was wir als solche aus unseren Sinneseindrücken individuell (re-)konstruieren. Und das bildet gleichzeitig eine der entscheidenden Grundlagen dafür, dass zwischenmenschliche Interaktion zu einem nicht unerheblichen Teil von Missverständnissen geprägt ist.

2.1.2. Wahrnehmen ist kein passiver Vorgang

Die Tatsache, dass wir aus der unendlichen Anzahl möglicher Sinneseindrücke zu Orientierungszwecken individuell sehr unterschiedliche Filterungen vornehmen, zeigt, dass es sich bei Wahrnehmungsprozessen nicht um passive Vorgänge handelt.

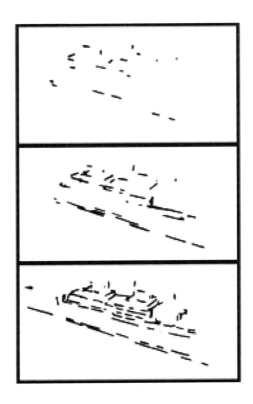

Wie das Bildexperiment verdeutlicht, funktioniert Wahrnehmung vielmehr im Sinne eines aktiven Orientierungsprozesses, der von dem Grundsatz geleitet ist: „Es soll eine Ordnung sein" bzw. „Es soll einen Sinn geben".

Dass der zugeordnete Sinn unterschiedlich sein kann bzw. vom Erfahrungshintergrund des Betrachters abhängt, ist von der Wahrnehmungspsychologie verschiedentlich nachgewiesen worden. Als klassische Beispiele gelten in diesem Zusammenhang Experimente mit Profilbildern. Die meist aus zwei Motiven („Profilen") bestehenden Bilder werden zunächst einzeln gezeigt und jeweils mit Bestrafungs- oder Belohnungsstimuli verknüpft. In der zusammengesetzten Figur wird zumeist das belohnte Profil als erstes „gesucht".

Noch vielfältiger sind die Möglichkeiten der Bedeutungskonstruktion bei Fantasiefiguren:

Wir „konstruieren" individuell sehr unterschiedliche Interpretationen, so dass in diesem Beispiel von verschiedenen Personen das gesamte Spektrum der Möglichkeiten von einem Farbfleck über ein Spiegelei und eine Insel bis hin etwa zu Amöben genannt werden könnte, aber jeder einzelne von der Angemessenheit seiner Bedeutungszuweisung überzeugt ist.

2.1.3. Was wir wahrnehmen, ist erfahrungsabhängig

Fragt man, warum bei einer Fantasiefigur der eine z.B. Farbkleckse, ein anderer aber Spiegeleier und ein dritter Amöben wahrnimmt, ist die Vermutung nahe liegend, dass Bedeutungszuweisungen in Zusammenhang mit eigenen Hobbys, mit Befindlichkeiten wie z. B. Hungergefühlen oder auf der Grundlage bestimmter Wissensvorräte erfolgen. Entscheidend ist die Möglichkeit, an eigene Erfahrungen und Kenntnisse „andocken" zu können: So wird derjenige, der noch nie eine Amöbe gesehen hat, sie in unserem Beispiel auch nicht von sich aus als solche identifizieren.

Der Umkehrschluss, „wir nehmen nur wahr, was wir bereits kennen", ist allerdings auch nicht ganz korrekt, weil dadurch nur unzureichend erklärt werden könnte, wie wir überhaupt in den Besitz von Wissen gelangen:

(a) Im Rahmen unserer Sozialisation erhalten wir im Elternhaus, in der Schule oder auch im Berufsleben explizite Erklärungen in Bezug auf Wahrnehmbares („dies ist eine Amöbe"), was dann als Wissen abgespeichert wird und worauf wieder zurückgegriffen werden kann.

(b) Wir arbeiten – und das ist der Regelfall – nicht mit expliziten Erklärungen, sondern konstruieren Sinn, indem wir Analogien bilden und von bereits Bekanntem auf Ähnliches schließen. So wird ein kleines Kind, das den Begriff „Zebra" nicht kennt, ein entsprechendes Tier als „Pferd" bezeichnen, wohl wissend, dass ein Unterschied besteht. Diese Differenzerfahrung kann dann durchaus ein Ansporn für einen aktiven Lernprozess sein.

Beide Thesen sind für das Verständnis eigen- und fremdkultureller Verstehensprozesse überaus wichtig: (a) zeigt, dass die Selektion von Wahrnehmungen und deren Überführung in Wissensvorräte zu einem Teil zumindest durch die Kontexte, in denen wir sozialisiert sind, gesteuert werden. Unsere Wahrnehmungen wie auch unser Wissen sind in diesem Sinne kulturspezifisch, weil sie sich nahe liegender Weise auf diejenigen Erfahrungen beziehen, die für eine bestimmte Lebenswelt von Bedeutung sind. Aus diesem Grunde verfügen z.B. Eskimos in ihren Sprachen über mehr und differenziertere Benennungen für „Schnee" als dies in arabischen Sprachen der Fall ist. Für die Erklärung von interkulturellem Handeln ist insbesondere These (b) von Bedeutung, weil sie zeigt, wie wir im Rahmen unseres Wahrnehmens notgedrungen immer wieder Stereotype und Vorurteile produzieren. Denn ähnlich wie bei dem Zebra-Beispiel werden wir insbesondere in einer fremdkulturellen Umgebung eine Reihe von Eindrücken erhalten, zu denen in unserem Wissensvorrat keine Entsprechung existiert.

Weil aber dennoch der Grundsatz gilt „Es soll eine Ordnung sein" bzw. „Es soll einen Sinn geben", werden wir versuchen, diese Eindrücke bereits vorhandenem Wissen und vorhandenen Begriffen zuzuordnen. Offenkundig ist in diesem Zusammenhang, dass die Wahrnehmungen dabei Erfahrungs- und Begriffssystemen zugeordnet werden, die in vollkommen anderen Zusammenhängen entstanden sind. Auf diese Weise werden eingehende Erfahrungen interpretativ so manipuliert, dass sie „irgendwie" dem eigenen Denksystem angepasst werden.

Aus deutscher Sicht würde man den oberen Text (siehe nächste Seite) eindeutig als Todesanzeige identifizieren, während der untere Ausschnitt schon eher Anlass zu Überlegungen bietet. Denkbar wäre eine Zuordnung zur Textsorte „Amtsanzeiger" oder „Personalia". Der Betrachter wird aber zunächst zwischen verschiedenen Wahlmöglichkeiten schwanken und dann eine halbherzige Zuordnung treffen, „weil es ja eine Lösung geben

Mecklenburg

Mr. U. Chester (Chet) Whelchel, age 90, died March 16, 2001 in Wilmington, NC.

Born in Gaffney, SC, Mr. Whelchel moved to Charlotte at the age of two years and spent his entire life there. He started his career with the Pure Oil Company. He served the Charlotte Chamber of Commerce as Director of Industrial Development until he joined Celanese Corp. where he retired as Corporate Director of Community Relations.

Always interested and active in local community affairs he served as the first President and Co-Founder of the Charlotte Public Relations Society, was President and Man of the Year of the Charlotte Jaycees, Co-Founder and director of the 'Jaycee Jollies', President of Charlotte Childrens Nature Museum, President of Mecklenburg T.B. Association, President of Charlotte Southern Lions Club, President of McClintock Junior

16, 2001. Funeral is 11:00 a.m. Monday at Bass-Smith Funeral Home, Hickory. Visitation is 10-11 a.m. Monday at Bass-Smith Funeral Home.

DENTON — Dawson Alexander Snider, 89, died Friday, March 16. Funeral is 3:30 p.m. Monday at Briggs Funeral Home Memorial Chapel. Visitation is 6-7:30 p.m. Sunday at Briggs Funeral Home in Denton.

DENVER — Enid Gladys Hughes died March 17, 2001. Memorial services are 3 p.m. Monday at St. Peter by the Lake Episcopal Church and St. Alban's Episcopal Church, Louisville, KY at a later date yet to be determined.

ELLENBORO — Mr. William Odus Mathis, died Friday, March 16, 2001. Funeral is 2 p.m. Tuesday at Gantts Grove Baptist Church. Visitation will be 7-9 p.m. Monday at McKinney-Landreth Funeral Home.

GASTONIA — Bobby Dean Benge, 59, died Friday, March 16, 2001. Funeral is 2 p.m. Tuesday at Greene Funeral Service (Southside Chapel). Visitation is 7-9 p.m. Monday at Greene Funeral Service (Southside Chapel).

GASTONIA — Mamie Kinley Revels, 74, died Thursday, March 15,

Funeral is 3 p.m. Sunday at Highland Baptist Church. Visitation is 2-3 p.m. Sunday at Highland Baptist Church, Hickory.

LENOIR — William Charles Davis, Jr., 75, died March 16, 2001. Funeral is 11 a.m. Monday at Pendry's Chapel. Visitation is 10-11 a.m. Monday at Pendry's Funeral Home.

LENOIR — Hugh Daniel Gilbert, 81, died March 16, 2001. Funeral is 2 p.m. Tuesday at Miller Hill Baptist Church. Visitation is 7-8:30 p.m. Monday at Pendry's Funeral Home.

LENOIR — Rosa Thomas Woody, 95, died Friday. Funeral is 2 p.m. March 18, 2001 at Greer-McElveen Funeral Home Chapel. Greer McElveen Funeral Home is in charge of arrangements.

LEXINGTON — Bill Sink, 82, died Friday. Graveside service is 2 p.m. Monday at Forest Hill Memorial Park. Visitation will follow the graveside service. Davidson Funeral Home is serving the family.

LINCOLNTON — Mr. Ronnie 'Butch' Grant, 52, died Saturday. Funeral is 3 p.m. Monday in the Warlick Funeral Home Chapel. Visitation is 7-8:30 p.m. Sunday at Warlick Funeral Home.

MAXTON — Mrs. Leola Evans Ste-

and burial wi... Visitation will Monday 10 a... Funeral Home

NEWTON – Lowe, age 76, 2001. A mem... p.m. Tuesday the Abernethy The family will ing the memo...

POLKTON · ton, 78, died neral is 4 p... Springs Baptis 2-8 p.m. Man Funeral Home.

RALEIGH — Powell Derey, with Jesus on

Jackie was pa... angle Chefs As...

muss". Hinter dieser Kategorisierungspraxis steckt mehr als nur unser Orientierungsgrundsatz. Es zeigt sich vielmehr, dass unsere Wahrnehmungsaktivität darin besteht, dass wir jede Erfahrung bereits mit einer Erwartung begleiten.

Die Suche nach „richtigen" Lösungen vollzieht sich im Prozess eines wechselweisen Abgleichs von Erfahrungs- und Erwartungsdaten. Dass die vermuteten Lösungen faktisch nicht von einem auf den anderen Kontext übertragbar sind, aber dennoch für richtige Lösungen gehalten werden, begründet die meisten interkulturellen Missverständnisse. Die Ursache besteht in der alltagspraktischen Forderung nach Routine, Plausibilität und Normalität: Mangelnde Plausibilität im konkreten Wechselspiel von Erfahrung und Erwartung wird dann gern dadurch verdrängt, dass man interpretatorische Vergewaltigungen in Hinblick auf schon Bekanntes vornimmt.

So handelt es sich bei den abgebildeten Annoncen um Textsortenbeispiele aus den USA, die anderen Normalitätskriterien unterliegen, als dies in Deutschland der Fall ist: oben handelt es sich um eine Vortragseinladung, während die untere das US-amerikanische Format für Todesanzeigen zeigt. Dass die Todesanzeigen unter der Rubrik „Mecklenburg" (County of North Carolina) abgedruckt sind, mag einen deutschen Leser bei flüchtiger Kenntnisnahme erst recht darin bestätigen, dass es sich um etwas Bekanntes handelt. Die Plausibilität des Wahrgenommenen wird damit gar nicht erst in Frage gestellt, sondern fälschlicherweise vorausgesetzt.

Als Fazit können wir an dieser Stelle festhalten: Wahrnehmung vollzieht sich auf der Grundlage der Dialektik von Erfahrung und Erwartung als hypothesengeleiteter Suchvorgang, in dessen Verlauf Realität nicht im Sinne einer Kamera 1:1 fotografiert, sondern vielmehr konstruiert wird. Eingehende Daten werden mit schon vorhandenen Schemata verglichen und zugeordnet. Diese Zuordnungspraxis sorgt zwar einerseits für eine ständige Verfeinerung der Schemata, mit denen ich Wahrnehmungen kategorisiere, andererseits bleibt sie aber immer interpretatorisch und damit subjektiv. Weil die grundsätzlichen Forderungen nach Normalität, Plausibilität und Geordnetheit der Eindrücke unsere Wahrnehmungsprozesse permanent begleiten, werden notgedrungen ungenaue oder „ungerechte" Kategorisierungen vorgenommen. Wir werden uns dies später am Beispiel der Stereotypen- und Vorurteilsbildung noch genauer ansehen.

2.2. Keine „Perceptas" ohne „Konceptas" – warum wir auf eine ganz bestimmte Art und Weise wahrnehmen

Bislang haben wir uns eher mit der Oberflächenstruktur von Wahrnehmungen befasst. Dabei haben wir gesehen, dass unsere Wahrnehmungen nicht „objektiv" sind, sondern interpretatorisch durch Schemata geleitet werden, die sich im permanenten Wechselspiel von Erfahrung und Erwartung in unserem Gehirn herausgebildet haben. Forscher nehmen an, dass sich diese neuronalen Schemata im Laufe eines Lebens (a) „einschleifen" und (b) sich zu verzweigten (neuronalen) Netzwerken herausbilden. Ersteres geschieht aufgrund von immer wiederkehrenden Erfahrungen, während letzteres mit der Erfahrungsvielfalt zusammenhängt, der wir uns aussetzen.

Dies hat nicht zuletzt einen großen Einfluss auf den Grad unserer Flexibilität und Toleranzfähigkeit: Je vielfältiger unsere Erfahrungen sind, desto weniger „verhärtet" (und damit flexibler) sind die Schemata, mit denen wir agieren. Machen wir hingegen nur wenige (und immer gleiche) Erfahrungen, verhärten sich die Schemata, mit denen wir Wirklichkeiten interpretieren. Unsere Interpretationsmöglichkeiten sind dann geringer, sodass wir dazu neigen, Unbekanntes entweder gar nicht zu tolerieren oder es „stereotyp" bzw. „falsch" einzuordnen.

Interkulturelle Kompetenz hängt dementsprechend auch mit der Vielfalt der eigenen Fremdheitserfahrungen zusammen: Wer häufig und in sehr unterschiedlichen Kontexten Fremdheitserfahrungen sammeln konnte, wird in interkulturellen Situationen erheblich flexibler reagieren (können) als jemand, der über derartige Erfahrungen nicht oder nur in geringem Umfang verfügt. In einem solchen Erfahrungsmangel liegt eine Ursache für Intoleranz und Fremdenfeindlichkeit.

In Hinblick auf die spezifische Formung der Schemata wird man also davon ausgehen können, dass sowohl das episodische als auch das semantische Gedächtnis hieran beteiligt sind. Ersteres ist stärker durch individuelles Erleben, letzteres durch (kollektiv) vermitteltes Wissen geprägt.

Wenn sich die Teilnehmer in interkulturellem Kontakt über diese Differenz nicht verständigen, sind Missverständnisse vorprogrammiert. Das gilt vor allem dann, wenn die Verständigung über eine dritte Sprache wie etwa das Englische erfolgt. Die Gemeinsamkeit, die damit geschaffen wird, ist folgerichtig nur eine scheinbare, da bereits die zahlreichen regionalen Varietäten des Englischen (auch in Indien ist es Amtssprache) sehr unterschiedliche lebensweltliche Kontexte repräsentieren. Noch deutlich heterogener stellt sich die Situation bei Kommunikationspartnern dar, die Englisch als Fremdsprache gelernt haben. Selbst bei guter Fremdsprachenkompetenz werden die am Kommunikationsprozess Beteiligten Bedeutungstransfers aus ihrer Erstsprache vollziehen.

2.3. Struktur und Funktion des kollektiven Gedächtnisses

Mit Hilfe der Schematheorie lässt sich zwar erklären, warum wir auf eine ganz spezifische Art und Weise wahrnehmen und weshalb diese Wahrnehmungsprozesse sich nur innerhalb ganz bestimmter Netzwerke abspielen können. Wenn wir klären wollen, warum es sich hierbei um ein spezifisches „deutsches", „indisches" oder in anderer Weise „kulturell" geprägtes System handelt, werden wir notwendigerweise eine historische Sichtweise einbeziehen müssen. Ein häufig verwendetes Modell ist in diesem Zusammenhang das Konstrukt des „kollektiven Gedächtnisses" oder des „kollektiven Wissensvorrates".

Regionale Standard-Varietäten

British and Irish Standard	English
American Standard	English
Canadian Standard	English
Caribbean Standard	English
West African Standard(izing)	English
East African Standard(izing)	English
South(ern) African Standard(izing)	English
South Asian Standard(izing)	English
East Asian Standardizing	English (Hongkong)
Australian Standard	English
South Pacific Standard	English

2.3.1. Das kollektive Gedächtnis als Interpretationsvorrat

Vorstellbar ist ein solches „kollektives" oder „soziales Gedächtnis" am ehesten als eine Art Archiv, in dem auf dem Wege der Tradierung über Tausende von Jahren hinweg unzählige Erfahrungen abgespeichert sind. Vor dem Beginn der Schriftlichkeit erfolgte eine derartige Tradierung vor allem über Erzählungen, Bräuche, Lieder und Sprichwörter, aber auch über Alltags- und Kunstgegenstände sowie über Bauwerke, die etliche Generationen überdauerten und damit natürlich auch komplexe Sinnkonstruktionen fortbestehen ließen.

Während mündliche Überlieferungen (Erlebnisberichte, Familiengeschichten, Witze etc.) selten über drei Generationen hinweg (90 bis 110 Jahren) fortbestehen, ist die „Lebensdauer" schriftlicher Überlieferungen theoretisch unbegrenzt. Bücher,

Briefe, Dokumente etc. sind über Jahrhunderte hinweg in Bibliotheken, Kirchen, Klöstern und Staatsarchiven gespeichert worden. Elektronische Medien können die Speicherkapazität inzwischen unbegrenzt vergrößern, sodass auch das potenziell zur Verfügung stehende Wissen unendlich erweiterbar ist. Den auf diese Weise entstandenen Wissensvorrat können wir uns als eine Art Netzwerk vorstellen: Es stellt ein Reservoir an Erfahrungen bereit, auf das die nachfolgenden „Benutzer"-Generationen zurückgreifen müssen, um eigene Erwartungen formulieren und eigene, neue Erfahrungen sammeln zu können. Diese neuen Erfahrungen werden an den bestehenden Wissensvorrat „angedockt", womit sie ihn erweitern bzw. diversifizieren. Für das „Nutzerkollektiv" bildet sich ein Traditionszusammenhang heraus, der insofern Verbindlichkeit erlangt, als er im Sinne eines Gedächtnisses oder Archivs die Basis darstellt, von wo aus die Mitglieder des Kollektivs alle künftigen Erwartungen an Sinnhaftigkeit, Normalität, Plausibilität etc. formulieren werden. Entsprechende Formen der Thematisierung von Wissen finden immer dann statt, wenn Erfahrungen gemacht werden, deren Passfähigkeit (oder anders gesagt: deren „Normalität") in Bezug auf das bislang tradierte Denk- und Handlungssystem nicht fraglos gegeben ist. Ein Sachverhalt erscheint dann nicht mehr plausibel – er ist uneindeutig bzw. indexikalisch und verlangt nach neuen Interpretationen.

Ein alltägliches Beispiel bieten sprachgeschichtliche Entwicklungen, die – wie etwa die Prägung bzw. Aufnahme neuer Wörter – in der Öffentlichkeit erst dann bemerkt und thematisiert werden, wenn sie nicht „automatisch" integrierbar sind. Dies ist der Fall bei sog. „Unwörtern" wie „ausländerfrei", „ethnische Säuberung" oder „Überfremdung"[7], aber auch bei konkurrierenden Begriffen wie „Atomkraft" vs. „Kernkraft".

In solchen wie in allen anderen thematisierungsbedürftigen Fällen fungiert das kollektive Gedächtnis als Argumentationspool. Es stellt einen Interpretationsvorrat bereit, der sowohl Möglichkeiten der Legitimierung als auch solche der Delegitimierung der infrage stehenden Sachverhalte enthält. Auf welche der möglichen Argumente im jeweiligen Einzelfall zurückgegriffen wird, hängt von den Interessen des einzelnen Menschen ab. Nicht selten dient auch ein und dieselbe Quelle als Beleg gegensätzlicher Auslegungen. Wie der Begriff „Thematisierung" bereits nahe legt, handelt es sich bei diesen – dem „Funktionsgedächtnis" zugeschriebenen – Prozessen grundsätzlich um Kommunikation, so wie das kollektive Gedächtnis einer Lebenswelt ebenfalls nur als Kommunikationsprodukt vorstellbar ist.

Anschaulich lässt sich ein solcher Prozess seit den Neunzigerjahren am Beispiel der periodisch aufflammenden Diskussionen über den Ladenschluss dokumentieren. Vielen Menschen erscheint ein Fortbestand der starren Ladenschlussregelung nicht mehr plausibel. Dementsprechend ist auch die bislang geltende Norm(alität) in Frage gestellt. Sowohl Gegner als auch Verfechter des bestehenden Ladenschlussgesetzes greifen bei ihren Strategien der Delegitimation bzw. der Legitimation auf vorhandene Wissensvorräte zurück. Welche dieser Wissensvorräte ihnen dabei aus der nahezu unendlichen Menge der überkommenen Möglichkeiten zugänglich sind, hängt ganz von der Passfähigkeit in Bezug auf die aktuelle Situation ab. Wissensvorräte, die interpretatorisch keine aktuell relevanten Anschlussstellen an die zu klärende Situation besitzen, werden auch nicht erinnert. Analysieren wir die Argumente sowohl der Gegner als auch der Fürsprecher des Ladenschlussgesetzes, stellen wir schnell fest, dass sowohl Legitimations- als auch Delegitimationsstrategien auf das tradierte Wissen vom „Gebot" des Sonntags als Ruhetag Bezug nehmen.

Während sich die Befürworter der aktuellen Ladenschlussregelung, zu denen gemeinschaftsorientierte Gruppen und Institutionen wie Kirchen, Gewerkschaften oder auch das Sozialministerium zählen, explizit auf den „Sonntag als Tag der Arbeitsruhe und der Besinnung" beziehen, geschieht dies bei den Verfechtern einer Freigabe der Ladenöffnungszeiten eher indirekt. Hier kann man an ein in Bezug auf Veränderungsbestrebungen des status quo allenfalls halbherziges Motto wie „Sonntags nur Besichtigung, kein Verkauf, keine Beratung" denken oder daran, dass sich Ausnahmen von dem Gebot der Sonntagsschließung nur auf solche Branchen beziehen, die ermöglichen, den Sonntag feierlich begehen zu können (Blumenhändler, Bäcker). Noch indirekter, aber letztlich trotzdem plausibel, sind Positionen, die verlängerte Ladenöffnungszeiten mit dem damit verbundenen Zugewinn an Freizeitqualität und Freizeit-„erlebnis" zu rechtfertigen versuchen oder als strikte Ausnahme deklarieren (z.b. während der Vorweihnachtszeit). Zumindest für die Gruppe der Konsumenten lässt sich auf diese Weise noch eine Beziehung zum christlichen Gebot des Feierns konstruieren. Noch chancenloser wäre hingegen in Deutschland eine Argumentation, die sich bei dem Versuch, das Ladenschlussgesetz abzuschaffen, ausschließlich auf Aspekte der Umsatzmaximierung konzentrieren würde. Eine solche Delegitimationsstrategie wäre zumindest gegenwärtig nicht hinreichend plausibel, weil sie sich nicht auf eine gemeinsam akzeptierte Wissensbasis berufen könnte bzw. weil die gemeinsame Wissensbasis vom Sonntag als Ruhetag derzeit noch zu dominant ist. Die Wertigkeit des Sonntags im gesellschaftlichen Bewusstsein ist derzeit – noch - höher als die Wertigkeit möglichst hoher Umsätze.

Zwei Aspekte werden an dieser Stelle offensichtlich: Der erste bezieht sich auf den Tatbestand, dass kulturelle Wissensvorräte anscheinend sehr resistent gegenüber kurzfristigeren historischen Veränderungen sind. Anders ist zumindest nicht zu erklären, dass im Mittelpunkt der ostdeutschen Diskussionen um das Ladenschlussgesetz immer noch christliche Argumentationen stehen, obwohl die christlichen Konfessionen als Institutionen mit einem Mitgliederanteil von unter 28 Prozent der Bevölkerung hier eine eher untergeordnete Rolle spielen. Wie es zu diesen langfristigen Überlieferungen kommt, wird uns noch näher beschäftigen.

Zweitens zeigt gerade das Beispiel der Ladenschlussdiskussion aber auch sehr deutlich, auf welche Weise Wertewandelprozesse stattfinden. Im Gegensatz zu Normen verändern sich Werte eher schleichend und von vielen in diesem Veränderungsprozess unbemerkt. So entstehen neue Wert-Normalitäten nie durch eine Zäsur, sondern immer durch eine Korrektur der alten Normalität, wie das Beispiel von der schleichenden Verabschiedung des Wortes „Fräulein" zeigt.

Derartige Korrekturen finden permanent statt und sind sowohl Resultat als auch Ausgangspunkt kultureller Dynamik. Sie gehen von Ideen und Vorstellungen einzelner Individuen aus und werden dann für eine „neue Normalität" einer Lebenswelt charakteristisch, wenn die Mehrheit der Mitglieder dieser Lebenswelt sich mit den entsprechenden Werten identifiziert.

Damit ist auch das Verhältnis von Kultur und Individuum als Wechselverhältnis in der Weise bestimmbar, dass individuelles Handeln sich einerseits durch eine spezifische Auswahl jener Wissensvorräte auszeichnet, von denen es sich ein Höchstmaß an Plausibilität für Problemlösungen seiner aktuellen Lebenswelt verspricht. Andererseits ist damit – unter Voraussetzung einer Mehrheitsfähigkeit dieser individuellen Sichtweisen – auch immer eine Veränderung des gesamten Wertesystems einer sozialen Lebenswelt initiiert. So wird – um auf den Ladenschluss zurückzukommen – eine dauerhafte Freigabe der Öffnungszeiten z.B. bis Mitternacht Veränderungen der Konventionen familiären Zusammenlebens nach sich ziehen, die dann auf anderer Ebene ebenfalls Werteveränderungen zur Folge haben können.

Offenkundig ist in jedem Fall, dass eine Kultur sich immer nur in den (kommunikativen) Handlungen ihrer Individuen äußert und dokumentiert. Da jedes Individuum innerhalb des Wissensvorrats, der ihm durch seine

Wort Fräulein kaum genutzt

Viele finden Bezeichnung beleidigend

München. (dapd) Ist eine Frau in Deutschland nicht verheiratet, dann können Menschen sie Fräulein nennen. Das aber wird nur noch wenig gemacht. Die meisten Deutschen finden das auch gut so. Für sie klingt das „Fräulein" fast schon beleidigend.

Früher war es ganz normal, Frauen „Fräulein" zu nennen, wenn sie nicht verheiratet waren. Heute ist das nicht mehr so. Ämter zum Beispiel unterscheiden nicht mehr zwischen Frau und Fräulein. Müssen Formulare ausgefüllt werden, dann taucht der Begriff üblicherweise nicht mehr auf. Forscher haben nun geprüft, wie die Deutschen das finden. Dabei kam heraus:

Die meisten mögen das Wort nicht mehr. Für sie hat es fast schon etwas Beleidigendes, wenn es genutzt wird.

■ Begriff gilt als veraltet

Die Forscher haben 2.000 Deutsche ab 14 Jahren befragt. Knapp 64 von 100 finden das „Fräulein" für junge oder unverheiratete Frauen nicht gut. Sie denken, dass es veraltet und nicht mehr zeitgemäß ist. Obwohl das so ist, nutzt noch mehr als jeder Fünfte zwischendurch das Wort „Fräulein" als Anrede. Ältere tun dies mitunter. Sie kennen es so von früher.

TLZ 13. April 2012

Sozialisation zur Verfügung steht, eine Vielzahl eigenständiger Problemlösungsalternativen kreieren kann, die wiederum durch individuenspezifische Erfahrungen überhaupt erst möglich werden, ist jede Verallgemeinerung im Sinne von „die Deutschen sind <...>" strikt unzulässig.

2.3.2. Zur Abgrenzbarkeit sozialer Wissensvorräte

Wie wir bereits gesehen haben, können wir von einer strikten Abgrenzbarkeit kollektiver Wissensvorräte nicht ausgehen, weil jede Kultur zu wesentlichen Teilen selbst Produkt interkultureller Interaktionen ist und kulturelles Wissen von daher auch über Sprach- und Ländergrenzen hinweg Überlappungen aufweist. Wie gesagt: Kulturen sind ebenso wie ihr jeweiliges kollektives Gedächtnis nicht als Container vorstellbar. Dennoch existieren Wissensbestände, die in jeweils spezifischer Konstellation für bestimmte ethnische Gruppen wichtig sind, weil sie für deren Selbstdeutung immer wieder eine besondere Rolle gespielt haben.

Menschen erfahren, dass der Rückgriff auf bestimmte Wissensbestände erfolgreich ist. Das wiederum motiviert immer wieder auf genau diese Wissensbestände zurückzugreifen. Damit werden im Laufe der Zeit weniger das Wissen an sich als der Rückgriff darauf zur Gewohnheit. Dieser Mechanismus bringt gewisse kulturelle Besonderheiten hervor.

Daher ist es sehr wahrscheinlich, dass ein Migrant der zweiten Generation aus seinen schulischen Sozialisationserfahrungen Zugriff auf den Wissensvorrat der „Migrationskultur" besitzt, zugleich aber auch über die häusliche Sozialisation über den Wissensvorrat der elterlichen „Kultur" verfügt. Die Frage nach einer Abgrenzbarkeit der Wissensvorräte aus den beiden Kulturen bzw. Lebenswelten ist nicht mehr beantwortbar. Entscheidend ist vielmehr, auf welche Wissensbestände die betreffende Person in Selbstdeutungsprozessen o. ä. zurückgreift, um Normalität wiederherzustellen.

Und gerade in diesem Zusammenhang steht die häufig zu beobachtende und von den Betroffenen beklagte „Heimatlosigkeit" der Migranten der zweiten Generation. Von ihrer Umgebung wird unterschwellig erwartet, dass sie z.B. bei Problemlösungen auf den Wissensvorrat derjenigen Kultur zurückgreifen, in der sie aufgewachsen sind. Unverständnis ist das Resultat, wenn dies nicht geschieht, sondern wenn – den Betroffenen zumeist nicht bewusst – auf tradierte Wissensvorräte der elterlichen Herkunftskultur zurückgegriffen wird.

Erschwerend wirkt sich für die Migranten der zweiten Generation aus, dass aus den gleichen Gründen Generationskonflikte viel heftiger ausgetragen werden, sodass das elterliche Zuhause in diesem Sinne nicht unbedingt als Heimat angesehen wird. Erwähnt sei an dieser Stelle das Beispiel eines elfjährigen islamischen Mädchens, das während der Abwesenheit ihrer Eltern einen Klassenkameraden mit zu sich nach Hause nahm, um gemeinsam die Hausaufgaben anzufertigen. Als der Vater des Mädchens von diesem Besuch erfuhr, brachte er das Kind unverzüglich zu einer gynäkologischen Untersuchung in die Klinik.

2.4. Kultur ist ein Kommunikationsprodukt – oder: warum eine Kultur so geworden ist, wie sie ist

Bislang haben wir uns im Wesentlichen damit beschäftigt, Hypothesen darüber zu formulieren, wodurch kulturelles Wissen charakterisiert ist und in welcher Weise es im Rahmen des Alltagshandelns eingesetzt wird. Als entscheidend hat sich hierbei das Relevanzkriterium herausgestellt: Was für das Problemlösehandeln und damit für die Wahrung von Normalität und Plausibilität eines (ethnischen) Systems Bedeutung besitzt, wird häufiger abgerufen und rekonstruiert, als das, was hierfür weniger bedeutsam ist. Umgekehrt wird die Relevanz von Wissensvorräten dadurch erzeugt und aufrechterhalten, dass eine solche Rekonstruktion permanent stattfindet. Wie wir gesehen haben, wird auf diesem Weg überhaupt erst ein kulturspezifischer und kollektiv weitgehend verbindlicher Handlungsrahmen erzeugt. Häufig unterschätzt wird die natürliche Umwelt. Sie bildet gleichsam die tragende Schicht des Handelns, sei es in sozialen, politischen, beruflichen und anderen Kontexten. So haben klimatische und geographische Bedingungen Einfluss auf die Art und Weise der Gestaltung gesellschaftlichen Zusammenlebens, auf Arbeit, auf die Organisation von Verkehr und Transport, auf Werthaltungen, Kommunikationsformen (Sprache, Mimik, Gestik, Körperdistanz), Sinnkonstruktionen etc. Vielleicht nicht immer offensichtlich, aber genauso vorhanden ist der Einfluss dieses Akteurshandeln auf die natürliche Umwelt. Das an einen Entwurf des internationalen Wirtschaftsforschers Eberhard Dülfer angelehnte Schichtenmodell der Umweltberücksichtigung[8] dokumentiert diesen zumindest indirekt auf allen Handlungsebenen bestehenden Einfluss der sog. „natürlichen Gegebenheiten". Es besteht im Sinne des Eisberg-Modells aus mehreren wechselseitig verbundenen Schichten, die auf das Handeln des Einzelnen Einfluss nehmen und es damit als kulturgebunden ausweisen: Bodenschätze, klimatische und topographische Bedingungen z.B. fordern die Ausbildung bestimmter Technologien wie z.B. Bohrtechniken, Schiffsbau, Klimatechnik etc. und schaffen Rahmenbedingungen für Sinnkonstruktionen, die sich wiederum in bestimmten Normsetzungen z.B. rechtlicher und politischer Art spiegeln. So wird häufig darauf hingewiesen, dass sich die sog. Entwicklungsländer mit wenigen Ausnahmen auf den Gebieten zwischen 40 Grad nördlicher Breite und 30 Grad südlicher Breite finden, während die weltwirtschaftlich bedeutenden Industriezentren nahezu sämtlich in der nördlichen gemäßigten Zone liegen, wo die menschliche Leistungsfähigkeit „naturgemäß" höher ist. Dass eine strikt leistungsorientierte Form der Sinngebung, wie sie die protestantische Wirtschaftsethik verkörpert, in tropischen Klimazonen nur schwer zu verwirklichen wäre, liegt auf der Hand.

Welche Wissensbestände für uns bis heute einen besonders hohen Aktualitätsgrad besitzen und dementsprechend auch unser Handeln bestimmen, hängt davon ab, wie Kommunikationsprozesse und damit auch die Produktion von Wissen über Jahrhunderte hinweg koordiniert worden sind. So ist es nahe liegend, dass in „westlichen" Lebenswelten z. B. die christliche

Lehre heute einen noch so nachhaltigen Einfluss auf Denk- und Handlungsweisen ausübt, weil es Klöster und Kirchen waren, die seit dem Beginn von Schriftlichkeit für den immerhin längsten

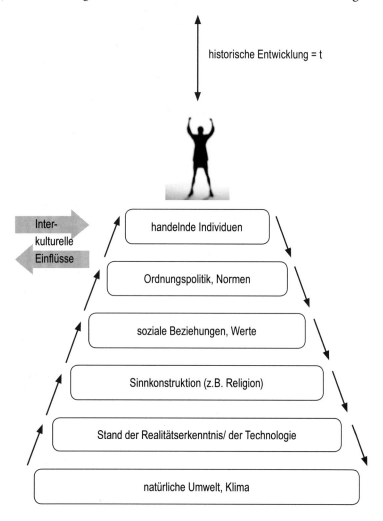

Modifiziertes Schichtenmodell in Anlehnung an E. Dülfer, Internationales Management. München/ Wien 1999 (6. Aufl.), S. 221

Zeitraum der Geschichte mehr oder minder monopolistisch Wissen tradiert und koordiniert haben. Sie haben in diesem Sinne stilbildend gewirkt. Spätere Steuerungszentren von Kommunikation, zu denen beispielsweise Institutionen politischer Herrschaft, bürgerliche Wissenschaft, Kunst oder gegenwärtig die Medienwirtschaft selbst zu rechnen sind, haben nicht nur auf diesen Traditionen und Wissensbeständen aufgebaut, sondern auch auf der Art und Weise ihrer Vermittlung und sie damit im Sinne eines kommunikativen als kulturellen Stils mit entsprechenden Modifikationen fortgeschrieben.

Weil lebensweltliche Interaktionen nicht anders als auf kommunikativem Wege realisiert werden können, schreiben sich die praktizierten kommunikativen Stile in die jeweiligen lebensweltlichen Bereiche ein (und umgekehrt):

Während die deutsche Kommunikationsgeschichte wesentlich durch eine über lange Zeit antagonistische Polung zwischen katholischer Lehre einerseits und reformatorischen Ansätzen andererseits geprägt ist, haben wir es in der frankophonen und in der angelsächsischen Tradition mit Entwicklungen zu tun, die erheblich weniger durch derartige Widersprüche charakterisiert sind. So sind unter französischer „Koordinationshoheit" vollzogene Selbstverständigungsprozesse entscheidend durch die kommunikationssteuernde Funktion der katholischen Kirche im Mittelalter und der frühen Neuzeit geprägt worden. Dies hat wiederum die Voraussetzungen dafür geschaffen, dass sich Denk- und Handlungsstrukturen wie Rationalismus und Zentralismus etablieren und bis in die Gegenwart hinein erhalten konnten. Ähnliches gilt in Bezug auf die alltägliche Ästhetik des savoir vivre (wissen, wie man gut lebt), deren Bedeutung sich ohne Berücksichtigung des Einflusses der katholischen Kirche nicht erschließen ließe.

Anders die angelsächsischen Regionen: Hier bot die im weitesten Sinne protestantische Prägung des Wissensvorrats eher eine Basis für erfahrungsorientierte, pluralistische, individualistische, aber auch puritanischere Formen der Selbstverständigung. Das unter diesen Vorzeichen vernetzte „Archiv" kommunikativen

Führungsverhalten

Wirtschaftsstile

Wissenschaftl. Stile

Kommunikativer Stil
realisiert sich als
kultureller Stil u.a.
durch ...

Lernstile

Lebensformen

Alltagsinteraktion

Architektur

Gruppenbeziehungen

Handelns unterscheidet sich dementsprechend maßgeblich von demjenigen frankophoner oder deutscher Prägung. Es ist weniger hierarchisch strukturiert, dafür aber empirischer und personenbezogener ausgerichtet. Dass diese Merkmale noch heute Einfluss auf kommunikative (als kulturelle) Stilbildungsprozesse nehmen, drückt sich nicht nur in der open door policy, den flachen Hierarchien in der Unternehmensorganisation oder dem nicht norm-, sondern fallbezogenen Ansatz angelsächsischer Rechtsprechung aus, sondern z. B. auch in den gegenüber dem geometrischabgezirkelten Ansatz französischer Gartenkunst eher „natürlichen" gartenarchitektonischen Gestaltungsprinzipien. Deutlich werden die Unterschiede auch, wenn wir uns angelsächsische Homepages, Geschäftsberichte oder Verkaufsprospekte ansehen: Nicht der Autor steht im Vordergrund, sondern der Rezipient. Und der wird nicht mit einer ausschweifenden Philosophie, sondern mit einer persönlichen Ansprache sowie knappen Daten und Fakten zu überzeugen versucht. Selbst wenn wir die nationalen Internetauftritte von „Global Playern" wie McDonald's vergleichen, werden wir feststellen, dass sich diese Stilmerkmale auch auf den aktuellen US-amerikanischen, britischen, französischen und deutschen Websites wieder finden.

Nicht oft genug betont werden kann jedoch, dass „Kulturen" zwar über veränderungsstabile „Kerne" verfügen, dass sie an den Peripherien aber – zunehmend – offen und durch Interpenetrationsprozesse charakterisiert sind und kommunikative Stile einander beeinflussen. Auf diese Weise ließe sich beispielsweise die oft behauptete sukzessive Amerikanisierung „des" deutschen Lebensstils ebenso erklären wie zahlreiche Wörter und Zeichen, die wir zwar tagtäglich routinemäßig als „eigenkulturelle" verwenden, die aber bei genauerem Hinsehen nicht unbedingt plausibel erscheinen. Vielen US-Amerikanern und Briten ist beispielsweise nicht bekannt, dass die italienischen Münzbezeichnungen „Lira" (lat. libra: Pfund) und „Soldi" den Symbolen für das englische Pfund (£) und den amerikanischen Dollar ($ = doppelt durchgestrichenes S, wobei vermutlich die senkrechten Striche für das A von America bzw. für das U von USA stehen) zugrunde liegen. Wie sich langfristig „feste" Kerne einer Kultur herausbilden, lässt sich gut am Prinzip der Entstehung eines Sandbergs verdeutlichen. Interaktionsregeln und Konventionen, die über lange Zeit hinweg unhinterfragt oder z.B. aufgrund von Gesetzen kontinuierlich praktiziert werden, sind in übertragenem Sinn als so „festgetreten" vorstellbar, dass Sie aufgrund ihrer hohen Verbindlichkeit grundlegend für nahezu jedes Handeln in diesem Kontext werden.

Bezogen auf unsere Thematik der Ladenöffnungszeiten wäre in Deutschland eine Regel mit (noch) hoher Verbindlichkeit das dritte Gebot „Am siebten Tage sollst du ruhen". Wertewandelbedingte Ausnahmen von diesem Gebot werden jedoch häufiger, so dass dieses Handlungsfundament im Moment an Festigkeit verliert. Von der Spitze eines Sandbergs aus gesehen, gibt es viele temporäre „Kann-Regeln", die vielleicht für eine kürzere Zeit „trendy" sind, sich aber nicht festsetzen und zu kulturellen Merkmalen werden, sondern in übertragenem Sinn relativ schnell wieder „verwehen".

2.5. Was heißt „Interkulturelle Kompetenz"?

• *Wahrnehmung vollzieht sich im Wesentlichen als hypothesenge-leiteter Suchvorgang. Die Erwartungen oder Hypothesen, die bei diesem Suchvorgang aufgebaut werden, orientieren sich an bereits vorhandenen und individuell sehr unterschiedlichen Erfahrungen und Kenntnissen. Neu eingehende Daten/Erfahrungen werden mit schon vorhandenen Schemata verglichen und diesen zugeordnet oder an sie angedockt. Stimmen Erfahrungen und Erwartungen nicht überein, führt dies unter der Prämisse „Es soll ein Sinn sein!" entweder zu einer „ungerechten" Zuordnung der Erfahrung zu einem nur bedingt passfähigen Erwartungsschema oder (im positiven Fall) zu einer Korrektur, Differenzierung und Erweiterung des Erwartungsschemas.*

Sechste Empfehlung: Fehlerhafte Schemazuordnungen erfolgen meistens unbewusst oder aufgrund der mangelnden Bereitschaft Indexikalität bzw. Unklarheit „auszuhalten". Ziel sollte es daher sein, uneindeutige Sachverhalte in Frage zu stellen und auf diese Weise nach befriedigenden und in dem entsprechenden Kontext plausiblen Problemlösungen zu suchen. Die damit einhergehende Thematisierung des Sachverhalts kann situationsbedingt entweder metakommunikativ mit dem jeweiligen Kommunikations-partner (als Kommunikation über den Kommunikationsprozess) erfolgen oder – sofern dies zu Animositäten führen würde – z.B. auf dem Wege der Informationsbeschaffung außerhalb des Kommunikationsprozesses.

• *Je vielfältiger unsere Erfahrungen sind, desto offener und damit flexibler müssen die Schemata sein, mit denen wir agieren. Machen wir hingegen nur wenige (und immer gleiche) Erfahrungen, verhärten sich die Schemata, mit denen wir Wirklichkeiten interpretieren und konstruieren. Unsere Interpretationsmöglichkeiten sind dann geringer, sodass wir dazu neigen, Unbekanntes entweder gar nicht zu tolerieren oder es „stereotyp" bzw. in ein relativ feststehendes Schemanetzwerk einzuordnen.*

Siebente Empfehlung: Interkulturelle Kompetenz hängt dement-sprechend auch mit der Vielfalt der eigenen Fremdheitserfahrungen zusammen. Wer darüber hinaus Unbekanntem gegenüber nicht nur aufgeschlossen ist, sondern auch Bereitschaft zeigt, Fremdes aktiv zu entdecken und zu verstehen, wird in interkulturellen Situationen erheblich flexibler und angemessener reagieren können.

• *Kulturelle Wissensvorräte werden in ihrem Kern oft über Jahrhunderte hinweg als relativ fest gefügte Schemanetzwerke – analog zu den unteren Schichten eines Sandbergs - überliefert. Sie haben sich als Interpretations- und Problemlösewerkzeuge in historisch fortschreitenden lebensweltlichen Zusammenhängen immer wieder bewährt und erscheinen daher plausibel. Da sich Tradierungsprozesse kommunikativ vollziehen, sind kulturelle Wissensvorräte gleichzeitig Kommunikationsprodukt und Kommunikationsgrundlage. Sie prägen damit wesentlich den Kommunikations-, Denk- und Handlungsstil derer, die in diesem Vermittlungszusammenhang sozialisiert werden. Je eingegrenzter und geschlossener dieser Vermittlungszusammenhang ist (z.B. aufgrund mangelnder Medienvielfalt, fehlender Reisemöglichkeiten, strikter Kanonbildungen), desto größer ist die kollektive Gültigkeit und Verbindlichkeit des gemeinsamen Wissensvorrats. Sinngemäß gilt umgekehrt: Je vielfältiger die Erfahrungsmöglichkeiten des Einzelnen in einem Tradierungsprozess sind (indem Sachverhalte thematisiert und in Frage gestellt werden können), desto größer sind die individuellen Abweichungen von dem zugrunde liegenden kulturellen Wissensvorrat und entsprechend geringer ist die Verbindlichkeit eines „gemeinsamen" kulturellen Stils.*

Achte Empfehlung: In einer Zeit zunehmender Pluralisierung und internationaler Vernetzung bestehen kollektive Wissensvorräte und kulturelle Stile zwar fort. Ihre Verbindlichkeit für eine Lebenswelt oder Kultur nimmt jedoch ab: scheinbar Homogenes erweist sich als faktisch äußerst differenziert. Dementsprechend sollten wir mit generalisierenden Äußerungen in Bezug auf kulturelle Gruppen sehr zurückhaltend sein. Individuelles Handeln wird aus historischen Zusammenhängen heraus zwar zu Teilen erklärbar; ebenso wichtig ist jedoch die Kenntnis der jeweils konkreten und insgesamt einmaligen Sozialisationskontexte des Einzelnen.

50er-Jahre	50er/60er-Jahre	70er/80er-Jahre	90er/00-Jahre
Wunsch nach „heiler Welt": Janus, Prinz, Goliath, Taunus „Wirtschafts- wunder": Rekord, Tempo, Blitz	„Sozialprestige": Kapitän, Kadett, Admiral, Diplomat, Consul, Commodore, Senator	„Freizeit- gesellschaft": Ascona, Capri, Monza, Sierra, Fiesta, Escort, Scirocco, Passat, Golf, Derby, Polo	„Postmoderne Tech- no-Klassik" (gr./ lat. Endungen): Orion, Astra, „Erlebnisgesellschaft, Exotik" Tigra, Ka, Sharan, Lupo, Zafira, Agila, Touran, Touareg, Up!, Cayenne, Panamera, Cayman

2.6. Zum Nach- und Weiterdenken

1. Wie wir gesehen haben, sind Kommunikations- und Kulturgeschichte eng miteinander verwoben. Dies lässt sich unter anderem
auch am Beispiel der Benennung von Produkten belegen. Mit ein
wenig Hintergrundwissen in Bezug auf die Geschichte der Bundesrepublik fällt es z.B. leicht, die Entwicklung der Typenbenennun-
gen deutscher PKWs als Spiegel der Zeitgeschichte zu lesen: Wie
kann man an diesem Beispiel erklären, dass Kultur Kommunikationsprodukt ist (und umgekehrt)? Warum würde man heute
in Deutschland keine Autobezeichnungen wie „Tempo" oder
„Kadett" durchsetzen können?

2. Die Geschichte des Begriffs „Kasko" dokumentiert zwei der
häufigsten Tradierungsformen kulturellen Wissens. Eine davon
belegt, dass Kulturen Produkte interkultureller Prozesse sind,
die andere zeigt, warum kulturelle Wissensvorräte teilweise sehr
veränderungsresistent sind. Finden Sie im Text Beispiele hierfür?

Was bedeutet eigentlich „Kasko"?

„GP. Wohl jeder Fahrzeugbesitzer zählt diesen Begriff zu seinem Wortschatz und glaubt, auch so ungefähr zu wissen, worum es geht – zumindest in der Verbindung Teil- oder Vollkaskoversicherung. Aber was bedeutet eigentlich „Kasko" ursprünglich? Barbara Eggenkämper, Leiterin des Firmenhistorischen Archivs der Allianz Versicherung, weiß, woher das Wort stammt: „Kasko ist dem Spanischen entlehnt und bezeichnet einen Sturmhelm mit tief herabreichendem Stirn- und Nackenschutz. Da die im 15. Jahrhundert aufkommende Form der Schiffskörper der Hanse ebenso wie die der Schiffe des Kolumbus mit ihren hohen Vor- und Achterdecks einem verkehrt auf das Wasser gesetzten Sturmhelm ähnelt, übertrug sich der Name Kasko auf diese Schiffsform und wurde später allgemein zum Sammelnamen für jede Art von Schiffsrumpf. Das Wort ging in der übertragenen Bedeutung schon frühzeitig ins Italienische über und wurde nach und nach in viele andere Sprachen übernommen. Für die Versicherung des Schiffs mit Zubehör fand dann das Wort Kaskoversicherung Verwendung. Als Anfang des 20. Jahrhunderts auch Automobile gegen Beschädigung und Zerstörung versichert werden sollten, übernahm man hierfür dasselbe Wort und es entwickelte sich der versicherungstechnische Begriff Automobilkaskoversicherung."

Rhein-Hunsrück-Kurier 22/2006

3. Seit der deutschen Vereinigung wird häufig darüber diskutiert und spekuliert, ob die unterschiedliche Entwicklung von Wissensvorräten während der Zeit der deutschen Teilung langfristig Einfluss auf den Verlauf des Einigungsprozesses nehmen wird. In der (Medien)wirtschaft scheint man davon auszugehen, dass bereits eine Angleichung von Wissensbeständen stattgefunden hat. Zumindest ist die nach der Wende praktizierte Differenzie-

Westausgabe

Ostausgabe

rung in West- und Ostausgaben von Zeitschriften und Magazinen bereits Mitte der Neunzigerjahre zu Gunsten „einheitlicher" Produkte aufgegeben worden. Zu Recht? Wie stellt sich in diesem Zusammenhang der Tradierungsprozess sozialer Wissensvorräte auch in generationsspezifischer Hinsicht dar?

4. In den vergangenen Jahren ist es häufiger vorgekommen, dass mit der am Tor des KZs Buchenwald angebrachten Inschrift „Jedem das Seine" für Produkte wie Hamburger oder Finanzdienstleistungen geworben wurde. Der Bezug zum KZ Buchenwald war natürlich in keinem der Fälle bewusst hergestellt worden. Dennoch erregten die Werbesprüche großen Anstoß. Ist es möglich anhand dieses Beispiels Rückschlüsse auf die Funktionsweise des kulturellen Gedächtnisses herzustellen? Welche Meinung haben Sie: Sollten Sprüche wie der genannte tabuisiert werden oder nicht?

3. Der Umgang mit Fremdem und Fremdheit

Der angemessene Umgang mit Fremdem und Fremdheit oder besser: mit Unvertrautem zählt zu den wichtigsten Aspekten, wenn es darum geht, interkulturelle Kompetenz unter Beweis zu stellen. Was in diesem Zusammenhang überhaupt „angemessen" heißt, was unter „Fremde" und „Fremdheit" zu verstehen ist, soll uns im Folgenden beschäftigen.

3.1. Wann ist uns etwas fremd?

Eine erste Annäherung an die Bedeutung von „fremd" mag der nachstehende Zeitungsartikel über das Familienrecht bei der Volksgruppe der Kisii in Kenia vermitteln. Zumindest dann, wenn wir versuchen die Besonderheiten dieses Rechtssystems auf Anhieb zu verstehen. Liest man den Artikel nur kursorisch, wird es vermutlich nicht gelingen, sich ein genaues Bild von den geschilderten Umständen und Hintergründen des dargestellten Rechtsfalls aus Kenia zu verschaffen. Warum?

Die „Fremdheit" des Artikels begründet sich nicht mit dem Stil des

Achtzigjährige will sich von Ehefrau scheiden lassen

NAIROBI, 9. Januar (AP). Ein kenianisches Gericht hat einer 80 Jahre alten Frau genehmigt, sich wegen Gewalt in der Ehe von ihrer Frau scheiden zu lassen. Nyoero Ongori warf ihrer Ehefrau Mary Orang'o einem Zeitungsbericht zufolge vor, sie geschlagen und ihre Töchter belästigt zu haben. Wie die „Kenya Times" am Wochenende berichtete, sind die beiden Frauen aus der westkenianischen Ortschaft Bomwanda seit acht Jahren verheiratet. Dem Gerichtsbeschluss zufolge muss Orang'o die gemeinsame Wohnung umgehend räumen. Die Volksgruppe der Kisii erlaubt Ehen unter Frauen, falls eine Witwe nicht mehr gebärfähig ist oder noch keinen Sohn zur Welt gebracht hat. Im kenianischen Recht ist dies jedoch nicht vorgesehen. Bei den Kisii und anderen kenianischen Volksgruppen dürfen nur Söhne den Namen der Familie tragen und Besitz erben.

FAZ 10.01.2000 (AP/dapd)

Autors, sondern damit, dass der dargestellte Sachverhalt für jemanden, der z.B. in Westeuropa aufgewachsen ist, zunächst mit seinen eigenen Erfahrungen von Alltagsnormalität nicht vereinbar ist. Die beschriebene Eheregelung bei den Kisii erscheint aus dieser Perspektive unplausibel. Sie lässt sich nur schwer in Übereinstimmung bringen mit „westlichen" Erfahrungen von institutionalisierten Regeln menschlichen Zusammenlebens und steht Lesern aus diesem Kulturkreis mit großer Wahrscheinlichkeit „fern" (im Sinne der Bedeutungen des germanischen Wortstammes „fram": „fern von", „fort" und „vorwärts" aus dem sich der deutsche Begriff „fremd" ableitet).

Umgekehrt deklariert man dann etwas als „Eigenes", wenn es „nah" erscheint, wenn es auf Anhieb verständlich ist und nicht intensiveren Interpretationsbedarf hervorruft. Charakteristische Merkmale des „Eigenen" sind daher „Normalität" (im Sinne von Alltäglichkeit), Plausibilität, Sinnhaftigkeit. Sie bilden wesentliche Voraussetzungen für Routinehandlungen, mit denen man auf der Verhaltensseite Gewohnheiten als Gewohnheiten herausbildet und damit das „Eigene" als solches bestätigt.

3.2. Alles ist relativ: Fremdbilder als Spiegel des Selbstverständnisses

Dass uns das Fernstehende, Fremde überhaupt nichts sagt, dass wir keinerlei Beziehung dazu entwickeln, stellt eher eine Ausnahme als die Regel dar. Ein Beispiel hierfür wäre allenfalls der logisch-mathematische Fremdheitsbegriff: „Fremd" sind hier zwei Klassen oder Mengen, deren Durchschnitt leer ist, die also keinerlei Berührungspunkte besitzen.

Entfernungen von Frankfurt/M.

Zielort	Flug-kilometer von Frankfurt/M.	Schätzung (s. Selbsttest Seite 12, Einleitung)
Algier	1542	
Athen	1798	
Dubai	4849	
Helsinki	1527	
Istanbul	1874	
Washington	8808	
Kinshasa	6065	
New Delhi	6115	
Moskau	2039	
Tokio	9369	

Und Ihre Schätzung? Sofern zwischen Ihren Entfernungs-schätzungen und den tatsächlichen Entfernungen größere Differenzen bestehen, dürfte dies auch sehr viel mit dem Fremd-heits- oder Vertrautheitsgrad zu tun haben, den Sie aufgrund eigener Erfahrungen in Bezug auf diese Städte gewonnen haben.

Nahezu alle anderen Verwendungszusammenhänge des Fremdheitsbegriffs beinhalten allerdings jenes Bezugsverhältnis, das schon in der erwähnten Bedeutungserklärung: „fremd von <etwas anderem>" mitgedacht ist. Während dieses Bezugsver-hältnis beispielsweise in der Philosophie mit den Eckpunkten von „ego" (ich) und „alter" (der/die/das Andere) noch eher abstrakt und neutral gedacht wird, ist dies in anderen wissenschaftlichen

Bereichen nicht der Fall. In der Soziologie erscheint der Fremde in der Regel negativ als „Randseiter", in kultur- und religionsgeschichtlichen Darstellungen häufig als das „Unheimliche". Mit anderen Worten: Der Fremdheitsbegriff scheint relativ und damit subjektiv definiert zu sein. Dies gilt auch, wenn wir das „fern von" in seiner engen geografischen Bedeutung verstehen. In diesem Zusammenhang sind international tätige Manager gebeten worden, Entfernungen von der Hauptstadt ihres Landes zu verschiedenen Städten der Welt zu schätzen. Das Ergebnis war verblüffend: Städte, die aus eigener Erfahrung oder aus Sekundärerfahrungen (Medien, Kollegen etc.) besser bekannt waren, wurden kilometerbezogen viel „näher" eingeschätzt als eher unbekannte Städte, die dementsprechend erheblich „ferner" angesiedelt wurden.

Das heißt, dass bei Definitionen des Fremden nicht tatsächliche oder „objektive" Kriterien zur Geltung kommen, sondern dass letztlich unsere Beziehung zu diesem Anderen darüber entscheidet, wie „fern" oder fremd es für uns ist. Viel folgenreicher noch ist der Umstand, dass wir nicht nur das Andere, sondern auch uns selbst über die Einschätzung dieser Beziehung definieren; ein Sachverhalt, der deutlich in dem von Psychologen und Philosophen häufig verwendeten Gegensatzpaar ego – alter ego zum Ausdruck kommt. Kurz gesagt: Wir definieren uns immer im Verhältnis zu anderen – und umgekehrt. Hierbei handelt es sich in der Regel nicht um einmalige Definitionen: Ob ich mich als „mager", „dünn", „vollschlank" oder „dick" bezeichne, hängt unter anderem auch davon ab, in welchem Bezugsverhältnis ich mich auf diese bestimmte Art und Weise einschätze. „Fremd" ist in diesem Sinn ein relativer Begriff.

Fest steht, dass ein Selbstverständnis nicht möglich wäre, wenn es nicht den „Anderen", „Fremden" gäbe, mit dem ich mich vergleichen könnte. Umgekehrt ist auch mein Verständnis des Fremden in erster Linie davon abhängig, wie ich mich selbst in dieser Beziehung sehe. Ein Beispiel hierfür bietet die unterschiedliche Positionierung der jeweils „eigenen" geografischen Lage in australischen und europäischen Weltkarten.

In Australien sieht man sich selbst verständlicherweise nicht „am Rand der Welt":

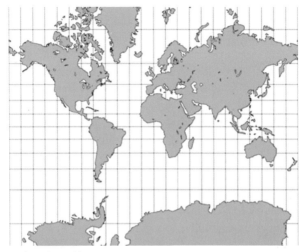

Die deutsche Weltkarte

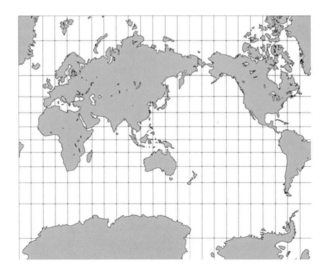

Die australische Weltkarte

Dass das jeweils „eigene" Land den Mittelpunkt der Darstellungen einnimmt, um den sich alles andere herumgruppiert, kann auch als Hinweis darauf verstanden werden, dass man ethnozentrisches Denken selbst dann nicht unterbinden kann, wenn man sich dessen negativer Auswirkungen bewusst ist. Ähnliche Belege hierfür gibt es in der Geschichte im Überfluss: Das christliche Europa sah sich dem Zentrum der Welt, Gott, am nächsten, während für die Chinesen das „Reich der Mitte" in Asien lag. Und dass die moderne Drittelung der Welt in einen westlich-kapitalistischen, einen östlich-sozialistischen und einen entwicklungsbedürftigen Teil nicht in der „Dritten" Welt erfunden worden ist, liegt auf der Hand. Teilweise hat sich eine solche vom „Eigenen" ausgehende Weltsicht auch in der Selbstbezeichnung vieler Völker niedergeschlagen: „Bantu", „Inuit" oder auch „Comanche" bedeutet jeweils „Mensch", womit natürlich gleichzeitig auch eine Abgrenzung gegenüber Fremdem impliziert ist.

Unsere Wahrnehmung von Eigenem und Fremden ist über das direkte Wechselspiel von Selbst- und Fremdverstehen hinaus auch wesentlich durch das geprägt, was wir annehmen bzw. vermuten, was andere von uns denken und erwarten. Man spricht in diesem Zusammenhang von „Metabildern". Wenn ich z.B. vermute, dass der Andere von mir erwartet, dass ich in einer bestimmten Kleidung zu einer Veranstaltung gehe, die derjenige auch besucht, so kann diese Vermutung bzw dieses Metabild für mich durchaus handlungsleitend sein und mich zur Wahl entsprechender Kleidungsstücke motivieren (die ich „von mir aus" eventuell gar nicht in Betracht gezogen hätte). Hieraus folgt: Wenn wir Fremdes (und Eigenes) wahrnehmen und verstehen, dann geschieht dies auf der Grundlage des wechselseitigen Zusammenhangs von Selbst-, Fremd- und Metabildern.

Selbst- und Fremdbilder stehen in einem wechselseitigen Zusammenhang und wären außerhalb dieses konkreten Zusammenhangs auch nicht denkbar. So können sich Selbsteinschätzungen in Abhängigkeit zu unterschiedlichen Fremdbildern vollkommen verändern. Das lässt sich an einem Beispiel gut vorstellen, wenn man überlegt, wie sich ein nationales Selbstver-

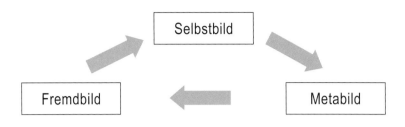

ständnis z.B. in Hinblick auf die weltpolitische Geltung aus deutscher Perspektive einerseits in Bezug auf die USA, andererseits in Bezug auf Mali formuliert.

Wie bei Selbstbildern, so gibt es auch bei Fremdbildern positive und negative Extreme, die so genannten Freund- bzw. Feindbilder. Beide haben fast immer die Funktion, die eigene Identität zu stärken: „Freundbilder" in dem Sinne, dass Verbündete das Eigene stärken und bestätigen, Feindbilder dadurch, dass sie Abgrenzungen etwa in dem Sinne von „das will ich auf gar keinen Fall" oder „ich bin das Gegenteil" ermöglichen.

Dass es sich auch hierbei um Prozesse handelt, die ständigen Veränderungen unterliegen, lässt sich gut anhand der Fremdbildveränderungen im Zusammenhang mit den politischen Umwälzungen in Osteuropa dokumentieren. So hat mit dem Wegfall des verbindenden Elements eines gemeinsamen Feindes beispielsweise das Fremdbild Europas in den USA seine Qualität als „Freundbild" verloren; genauso wie Russland nicht mehr als „großer" Bruder mittelosteuropäischer Staaten und auch nicht mehr als „Feind" Westeuropas dient.

3.3. Über die Unvermeidbarkeit von Stereotypen und Vorurteilen

Dass Stereotypen eine bestimmte Form und Funktion von Wahrnehmungsschemata darstellen, haben wir bereits gesehen. Schemata sind demzufolge vorstellbar als „Typen", denen bestimmte Wahrnehmungen zugeordnet werden, die dann als „Subtypen"

Spezifizierungen des übergeordneten Typs darstellen („Schimpanse" in Bezug auf „Affe").

Die Zeit 17.07.03 © Smetek

Die Definition von „fremd" im Sinne von einerseits „fern von" und andererseits „vorwärts" beinhaltet zum einen, dass etwas genau dann „fremd" ist, wenn entsprechende Erfahrungen nicht vorliegen. Das heißt: was ich nicht kenne, ist mir fremd. Verräterisch für unseren Umgang mit Fremdheit ist allerdings die zweite Bedeutung „vorwärts": Sie zeigt an, dass wir stets versucht sind, Fremdes zu erkunden, es uns verständlich und zu unserem „Eigenen" zu machen.

Kommen wir zunächst noch einmal zum Zusammenhang von Fremdheit und Erfahrungsmangel zurück, der zwangsläufig auch beinhaltet, dass zumindest eine minimale Erfahrungsbasis vorhanden sein muss, um etwas überhaupt als „fremd" und nicht als „nichts" zu klassifizieren: Indem wir vom Fremden weder genaueres wissen noch erwarten, nähern wir uns ihm mit relativ undifferenzierten Rastern, Schemata oder „Typen". So wird jemand, der noch nicht in Australien gewesen ist, aufgrund von Medienberichten, Postkarten, Filmen etc. hinsichtlich seiner Wahrnehmungen und Erwartungen vermutlich in erster Linie auf Kängurus und nicht unbedingt auf Blechdächer ausgerichtet

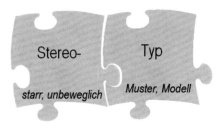

Stereotype = fossilierte Images

sein. Von daher kann es leicht passieren, dass Australien durch den nach und nach verfestigten (→ gr. stereos) Schematyp „Känguru" repräsentiert wird. Dieser Stereotyp ist im Sinne eines verfestigten Images („Bildes") maßgeblich für das eigene Handeln verantwortlich. Wer nach Australien fährt, glaubt, den Zweck seiner Reise erst dann erfüllt zu haben, wenn er das erste Känguru gesehen hat, und australische Waren werden bei uns erst dann als „echt" australische akzeptiert, wenn sie in irgendeiner Form mit einem Känguru-Symbol versehen sind. Wie sich Bilder (Images) bzw. Vorstellungen von etwas Fremdem zu Stereotypen verfestigen, so fossilieren nach genau dem gleichen Mechanismus Einstellungen und Meinungen zu Vorurteilen.

	VW Sharan	Ford Galaxy	Seat Alhambra
1997	29.913	16.733	3.436
2003	22.171	13.968	7.055
2011	22.055	(7.737; nicht mehr baugleich)	5.645

Zulassungszahlen in Deutschland von VW Sharan, Ford Galaxy und Seat Alhambra lt. Angaben des KFZ-Bundesamtes in Flensburg (http://www.kba.de/)

Welche Konsequenzen dies haben kann, lässt sich an einem Beispiel aus der Wirtschaft zeigen: Von Mitte der Neunzigerjahre bis 2006 wurde unter den Typenbezeichnungen VW Sharan, Ford Galaxy und Seat Alhambra ein nahezu identischer Minivan produziert und vertrieben. Obwohl die Fahrzeuge auch hinsichtlich des Verkaufspreises kaum differierten, wurden vollkommen unterschiedliche Absatzzahlen erzielt. In der Phase der größten Differenz wurden Volkswagen in Deutschland fast doppelt so oft verkauft wie die entsprechenden Ford-Modelle und sogar um das Neunfache mehr als der Seat Alhambra:

Da die Absatzzahlen in anderen europäischen Ländern wieder ganz anders aussehen – so wurde der in Großbritannien als britisch und damit als „eigenes" Produkt reklamierte Ford Galaxy viermal mehr verkauft als der VW Sharan – liegt die Vermutung nahe, dass Vorurteile über die Herkunft des jeweiligen Autos Einfluss auf die Kaufentscheidung nehmen. Aus deutscher Sicht gilt dabei immer noch die Überzeugung von „deutscher Wertarbeit", während der Seat-Sitz Spanien als Produktionsort nicht unbedingt mit Zuverlässigkeit assoziiert wird. Dass derartige Vorurteile auch durch Fakten nur schwer veränderbar sind, belegt die tatsächliche Produktionssituation. Was die meisten Käufer nämlich nicht wissen: Alle drei Fahrzeugtypen wurden im Werk „Auto-Europa" in Portugal hergestellt, in der Endphase der Kooperation entstand der Ford Galaxy sogar in Lohnarbeit von VW. Inzwischen sind nur noch VW Sharan und Seat Alhambra baugleich – an dem Absatzbild hat sich allerdings nichts geändert.

Ob die spärlichen Erfahrungen, auf denen Stereotype und Vorurteile basieren, nun positiven oder negativen Inhalts sein mögen: allgemein werden sie mit großer Skepsis bzw. Ablehnung betrachtet. So zutreffend dies einerseits ist, weil sie aufgrund ihrer groben Rasterung immer auch Ungerechtigkeit (sowohl zum Positiven als auch zum Negativen hin) beinhalten, so unverzichtbar sind sie andererseits, um überhaupt Orientierungen in Bezug auf Fremdes geben zu können.

Von daher wird sich niemand davon freisprechen können, mit Stereotypen und Vorurteilen zu arbeiten. Sie sind sozusagen der erste Schritt „vorwärts" zum Fernen, Fremden. Gleichzeitig bilden sie aber auch nur ein Skelett, das angereichert werden will mit einer Fülle differenzierender Erfahrungen. Und wenn wir uns bewusst sind, dass Stereotype nur einen vorläufigen, zur Orientierung dienenden Behelf darstellen, sind sie auch nicht negativ, sondern als erster Schritt zum Positiven zu bewerten.

3.4. Was Stereotype und Vorurteile über diejenigen verraten, die sie äußern

Wie wir bislang unter eher formalen Aspekten gesehen haben, stellen Stereotype und Vorurteile eine Reduktion von Wahrnehmungen auf sehr häufig und in immer gleicher Weise aktivierte Schemata dar. Erfahrungen in Bezug auf Fremdes werden, dem Drang nach „Integration" folgend, in dasjenige Schema eingeordnet, von dem man glaubt, dass es am besten passt. Anders gesagt: Menschen erklären das Fremde immer aus der Perspektive des Eigenen. Daher sagen inhaltliche Bestimmungen von Stereotypen und Vorurteilen notwendiger Weise auch sehr viel über den Wissensvorrat jener Menschen aus, die diese Stereotypen verwenden.

Deutlich wird dies, wenn wir uns Fremdbild-Formulierungen der deutschen Presse zur Zeit des Golfkonfliktes 1990/91 vor Augen führen. Zur Charakterisierung Saddam Husseins wurden damals die Schemata (a) „unmenschlicher Politiker der schlimmsten Form" und (b) „aus dem Orient" verwendet, wobei inhaltliche Verfestigungen von (a) auf eigenkulturelle Erfahrungen mit dem Nationalsozialismus und insbesondere mit Hitler und von (b) auf die Märchen aus 1001 Nacht verweisen. Wie die Herkunft der Presseartikel zeigt, sind derartige Reduktionen keineswegs nur spezifisch für die Sensationspresse. Sie dokumentieren, wie zu einer bestimmten Zeit vor dem Hintergrund eines spezifischen gesellschaftlichen Selbstverständnisses auf bestimmte Teile des kulturellen Wissensvorrats zurückgegriffen wird, weil diese als bestmögliche Erklärungsform angesehen werden:

(a) „Der Hitler von Bagdad überfällt ein wehrloses Volk im Morgengrauen" (Bild, 3.8.90); „Irak richtet Konzentrationslager für ausländische Geiseln ein" (Welt am Sonntag, 29.8.90)

(b) „Hussein hat seinen Krummsäbeldolch an die Halsschlagader der westlichen Industrienationen gesetzt" (Die Zeit, 31.8.90); „Ein wildgewordener Teppichflieger aus dem Orient" (Westdeutsche Allgemeine Zeitung, 25.8.90)

Umgekehrt bediente sich Hussein in seinen Äußerungen über die USA nach dem 11. Sept. 2001 freilich ebenfalls eines historisch tradierten Stereotyps:

„Die amerikanischen Cowboys ernten die Früchte ihrer Verbrechen gegen die Menschlichkeit." (TLZ 28.9.2001)

Dass aus der Perspektive eines anderen kulturellen Wissensvorrats Stereotype unterschiedlich kontextualisiert werden können und insofern auch unterschiedliche Bedeutungen aufweisen, verdeutlicht eine in Taiwan veröffentlichte Werbeanzeige für Honda-PKWs. Unter der Überschrift „Auch Sie könnten ein Hitler sein! Damals wurden viele Juden von Hitler mit Giftgas ermordet. Heute könnte das Auspuffrohr Ihres Autos ebenfalls eine Gaswaffe sein" wird hier in einer Form für die Umweltfreundlichkeit von Honda-Fahrzeugen geworben, die in Europa so sicherlich nicht akzeptabel wäre. Die mit der Person „Hitler" verknüpften Wissensvorräte sind in einer Weise

präsent, die in der Regel Tabuisierung, Scham und Betroffenheit erzeugt. Eine Vermarktung als Werbefigur wäre dementsprechend absurd. In ganz anderem Zusammenhang, aber dennoch erkenntnistheoretisch vergleichbar, lässt sich der 2006 von einer dänischen Zeitschrift ausgelöste „Karikaturenstreit" verstehen.

Zusammengefasst können wir hieraus folgern, dass Stereotype den Umgang mit Fremden einerseits erleichtern und in gewisser Weise auch erst ermöglichen, indem sie Orientierungsfunktionen bieten. Andererseits sind sie inhaltlich auch immer ein Spiegel der Erfahrungen und des Wissensvorrates derjenigen, die sie äußern. Wie insbesondere das taiwanesische Werbebeispiel zeigt, muss interkulturelle Kompetenz folglich nicht nur beinhalten, dass man sich im Sinne einer permanenten (inter)kulturellen Lernbereitschaft um die fortschreitende Differenzierung seiner eigenen Schemata bzw. Stereotype bemüht. Ebenso wichtig ist es, die Zusammenhänge zu verstehen, in denen in anderen Kulturen beispielsweise Stereotype als Fremdstereotype in Bezug auf die eigene Kultur gebildet werden. Das hat sehr viel mit dem Bestreben zu tun, den Anderen zumindest bis zu gewissen Grenzen in seinem Anderssein zu verstehen. Dieses Verstehen bedeutet nicht unbedingt, die Denk- und Verhaltensweisen des anderen zu akzeptieren. Zu akzeptieren ist zunächst vor allem das Anderssein als solches.

3.5. Wie fremd kann, darf oder muss das Fremde sein? Über die Grenzen der Integration

Die Akzeptanz des Anderen, des Fremden, fällt vor allem dann leicht, wenn die Beziehungen dazu sporadisch sind, wenn wir uns nur oberflächlich damit auseinander setzen müssen. Typische Beispiele hierfür sind Urlaubsreisen, alle Formen des kurzfristigeren Schüler- und Studentenaustauschs oder auch internationale Geschäftsbeziehungen, die von Zeit zu Zeit mit kürzeren Arbeitsaufenthalten im Ausland verbunden sind.

Ganz anders sieht es hingegen aus, wenn jemand aus privaten, ökonomischen oder auch politischen Gründen in ein anderes Land übersiedelt, um sich dort auf lange Sicht eine neue Existenz, eine neue Lebenswelt aufzubauen. In solchen Fällen, vollzieht sich ein Bruch in der eigenen Sozialisationsgeschichte.

Die Enkulturation (a) wird über den Zwischenschritt der Akkomodation (b) als Akkulturation (c) fortgesetzt. Im Einzelnen bedeutet dies:

(a) Enkulturation: Auf den Sozialisationsprozess der Herkunftskultur bezogener Erwerb von Werten, Normen, Sprache,

Verhaltensstilen etc. Enkulturation ist stets auf die Primärsozialisation bezogen, während Akkomodation und Akkulturation hierauf aufbauen und von daher der Sekundärsozialisation zugerechnet werden.

(b) Akkomodation: Phase der Aneignung von Kommunikations- und Interaktionsregeln derjenigen Kultur, in die ein Mensch seinen Lebensmittelpunkt verlagert hat. Hierzu zählt insbesondere die Aneignung fremdkulturellen Wissens, um in der fremden Gesellschaft handlungsfähig sein zu können. Akkomodation als eine funktionale Form der Anpassung schließt nicht ein, dass man seine in der Primärsozialisation erworbenen Werte und Denkweisen vollständig ändert. Dies ist erst der Fall, wenn sich der eigene Sozialisationsprozess vollzieht als

(c) Akkulturation: Aufbauend auf die Phase der Akkomodation werden infolge eines längeren Aufenthaltes in einer anderen Kultur nach und nach deren Werte, Normen, Denkweisen etc. übernommen und als „eigene" deklariert.

Schematisch lässt sich dieser Prozess wie folgt darstellen:
Wie wir gesehen haben, ist es nicht möglich, sich während des Akkulturationsprozesses in der Lebenswelt B von der Bindung an den (en-)kulturellen Wissensvorrat der Lebenswelt A zu lösen. Bei Problemen, in Konfliktsituationen, zum Teil aber auch in einfachen Alltagshandlungen wird unweigerlich in der im zweiten Kapitel beschriebenen Weise auf Wissensvorräte des Enkulturationskontextes der Lebenswelt zurückgegriffen, weil diese den Grundstock für alles spätere Wahrnehmen, Verstehen usw. darstellen. Was in individueller Hinsicht gilt, trifft auch für Gesellschaften zu. Allerdings verläuft ein solcher Prozess alles andere als linear: Je mehr Vorerfahrungen man z.B. vor einem Umzug mit der neuen Umgebung gesammelt hat, desto mehr werden die (nur analytisch so strikt getrennten) Phasen ineinander verschwimmen und sich als „fuzzy" darstellen.

3.6. Was heißt „Interkulturelle Kompetenz" (III)?
Dritte Zusammenfassung mit weiteren Empfehlungen zur interkulturellen Kompetenzentwicklung

• *Fremd erscheint uns etwas dann, wenn es Normalitätserwartungen widerspricht, wenn es nicht plausibel ist, wenn es (für uns) „keinen Sinn macht" und/oder wenn dementsprechend Routinehandlungen nicht mehr „in der gewohnten Weise" möglich sind.*

Neunte Empfehlung: Das Ignorieren des Fremden oder auch das Zurückweichen vor dem Unbekannten geschieht oft aus Bequemlichkeit oder Angst vor Verunsicherung. Ein solches Verhalten nützt weder dem Fremden noch dem „Eigenen", weil Parallelwelten entstehen, in denen es mangels neuem „Input" auch nur schwer innovative Entwicklungen geben kann. Auch wenn das Verharren vor dem Unbekannten, wenn das Verstehen wollen des Unplausiblen zum Durchbrechen eigener Alltagsroutinen führen und vielleicht sogar Angstempfindungen hervorrufen kann: Die Auseinandersetzung mit dem Fremden ist grundsätzlich schon deshalb bereichernd, weil sie neue Erfahrungen ermöglicht, die den eigenen Horizont – in welcher Weise auch immer – zu erweitern vermögen.

• *Selbst-, Fremd,- und Metabilder bedingen sich wechselseitig. Urteile, Meinungen und Einstellungen anderer gegenüber sind daher weder „objektiv" noch unwandelbar, sondern formulieren sich immer in Bezug auf den Urteilenden.*

Zehnte Empfehlung: Wir können das Fremde nicht kennen und verstehen lernen wollen, wenn wir das Eigene nicht reflektieren – vor allem die Beziehung zwischen Eigenem und Fremdem. Aus diesem Grund sollten Maßnahmen zur interkulturellen Kompetenzentwicklung auch immer eine Förderung des Selbstverständnisses, des Wissens um Zusammenhänge der eigenen Kultur, einbeziehen.

• *Die Verwendung von Stereotypen und Vorurteilen wird man gerade in interkulturellen Handlungszusammenhängen nicht vermeiden können, weil eine entsprechend differenzierte Weltsicht nicht erreichbar ist. Einerseits ist das Spektrum unserer Möglichkeiten Erfahrungen zu sammeln notwendigerweise begrenzt, andererseits wird Alltagskommunikation um überhaupt funktionieren zu können immer darauf angewiesen sein, Komplexität zu reduzieren und „einfache" Bilder zu Orientierungszwecken zu verwenden.*

Elfte Empfehlung: Vorurteile und Stereotype stellen nicht per se eine Misslingensbedingung für interkulturelle Kommunikation dar. Wir sollten uns jedoch der Konsequenzen der Verwendung von Stereotypen und Vorurteilen bewusst sein und uns selbst zu einer so weit wie möglich differenzierten Sichtweise zwingen. Wichtig ist es dabei, die Zusammenhänge zu verstehen, in denen in anderen Kulturen beispielsweise Stereotype als Fremdstereotype in Bezug auf die eigene Kultur gebildet werden. Das hat sehr viel damit zu tun, den Anderen zumindest bis zu gewissen Grenzen in seinem Anderssein verstehen zu wollen. Dieses Verstehen bedeutet nicht unbedingt, die Denk- und Verhaltensweisen des Anderen zu akzeptieren. Zu akzeptieren ist zunächst vor allem das Anderssein als solches, wobei sich auch dieses nie als das schlechthin Andere, sondern immer nur als das mehr oder minder Andere, Unbekannte darstellt. Interkulturelle Kompetenz besteht dementsprechend auch in der Fähigkeit, Unbekanntes bekannter zu machen, es in das eigene Reziprozitätsnetzwerk aufzunehmen ohne es zu vereinnahmen.

• *Erfolgreiche Integration oder besser: Vernetzung, funktioniert nur auf der Grundlage der Anerkennung von Heterogenität. Homogenitätsstreben – von welcher Seite auch immer – provoziert Gefahren der Identitätspreisgabe.*

Zwölfte Empfehlung: Akkomodationsprozesse sollten als Prozesse bewusster und angeleiteter Dialogführung zwischen Ausgangs- und Aufnahmekultur moderiert werden. Dies zu leisten ist Aufgabe interkultureller Coaches (und gegebenenfalls Mediatoren).

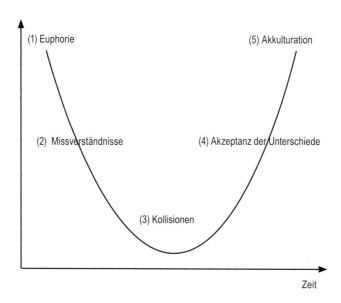

Anpassungs-
bereitschaft

(1) Euphorie   (5) Akkulturation

(2) Missverständnisse   (4) Akzeptanz der Unterschiede

(3) Kollisionen

Zeit

3.7. Zum Nachdenken und Diskutieren

3.7.1. „Kulturschock"

Ein sog. „Kulturschock" kann, muss aber keineswegs zwangsläufig auftreten, wenn man für einen längeren Zeitraum im Ausland lebt. Kalvero Oberg[9], von dem der Begriff stammt, hatte bereits 1960 verschiedene Phasen des Kulturschocks beschrieben, die sich idealtypisch in einem U-förmigen Verlauf anordnen lassen. Sie lassen sich wie folgt beschreiben:

(1) Euphorie: Man freut sich auf das Neue und reagiert anfangs überschwänglich, weil man nur das (positiv) Erwartete wahrnimmt.

(2) Missverständnisse: Man erkennt die Normalitätsregeln der Zielkultur teilweise nicht und erzeugt Missverständnisse, weist sich aber als Neuankömmling die Schuld selbst zu.

(3) Kollisionen: Die Ursachen der Missverständnisse bleiben einem verborgen, man weist den anderen die Schuld zu, resigniert teilweise und neigt zu einer starken Aufwertung der eigenen Kultur.

(4) Unterschiede werden akzeptiert und Widersprüche ausgehalten. Man bemüht sich um ein Verstehen.

(5) Akkulturation: Man versteht die Unterschiede weitgehend und tendiert zur Übernahme fremdkulturspezifischer Verhaltensmerkmale.

Wie wir gesehen haben, hängt die Art und Weise der Selbsteinschätzung (Identitätsausbildung) immer auch von der Beziehung zum Fremden ab: Je vertrauter das Fremde ist, desto geringer ist das Streben nach Selbstbehauptung – und umgekehrt.

3.7.2. Fremdenfeindlichkeit und Rechtsextremismus

Rechtsextremismus und Fremdenfeindlichkeit werden zumeist in einen direkten Zusammenhang gestellt. Fremdenfeindlichkeit beinhaltet einerseits eine wie auch immer geartete Angst vor dem Anderen, andererseits ruft sie zwangsläufig Selbstbehauptungsbestrebungen hervor. Wie sehen die Ängste der zumeist jugendlichen Rechtsextremen konkret aus, wie kann man sie erklären? Mit welchen Formen der Selbstbehauptung reagieren Rechtsextreme? An welcher Stelle und mit welchen Mitteln würden Sie ansetzen, um Rechtsextremismus und Fremdenfeindlichkeit systematisch entgegenzutreten?

3.7.3. Aus der Rechtsprechung

Wie hätten Sie in den beiden nachstehenden Fällen entschieden?

Ausländerrecht

Zweitehe ist kein Grund für Aufenthaltserlaubnis

LÜNEBURG · Eine Zweitehe nach islamischem Recht begründet keinen Anspruch auf eine Aufenthaltserlaubnis in Deutschland. Mit dieser Entscheidung wies das Niedersächsische Oberverwaltungsgericht in Lüneburg am Dienstag die Klage einer libanesischen Frau zurück. Sie war eingereist, um in Salzgitter mit ihrem Mann, dessen erster Frau und fünf gemeinsamen Kindern zusammenzuleben. Die Mehrehe sei dem europäischen Kulturkreis fremd, widerspreche der Gleichberechtigung von Mann und Frau und erschwere eine angemessene Integration, hieß es. Anders als das Verwaltungsgericht Braunschweig sah das Oberverwaltungsgericht in der Familiensituation kein zwingendes rechtliches Abschiebungshindernis. Die Klägerin war dem Gericht zufolge im Jahr 2001 hochschwanger eingereist.　　EPD

Az.: 10 LB 85/05

Standesamt Koblenz

Ehe mit 14-jähriger Türkin nicht zugelassen

gra KOBLENZ, 18. Januar. Die beantragte Eheschließung eines 14-jährigen türkischen Mädchens mit einem 33-jährigen Deutschen hat der Standesbeamte der Stadt Koblenz, Wolfgang Kellner, abgelehnt. Türkische Behörden, dort ist die Verheiratung junger Mädchen ab 15 Jahren möglich, hatten eine Ausnahmegenehmigung für die 14-jährige erteilt. Nach deutschem Recht soll eine Ehe allerdings nicht vor dem 18. Lebensjahr (Volljährigkeit) geschlossen werden. Aber auch in Deutschland ist ausnahmsweise die Ehe bereits mit 16 möglich. Der Koblenzer Standesbeamte verweigerte die Hochzeit mit Hinweis, dass die Rechtsnorm eines anderen Staates nicht anzuwenden ist, wenn dies mit wesentlichen Grundsätzen deutschen Rechts unvereinbar ist.

Diese Entscheidung ist auf dem Gerichtswege anfechtbar. Das Paar könnte aber auch zur vermutlich unproblematischen Eheschließung in die Türkei reisen.

Frankfurter Rundschau, 19.01.2001 und 25.01.2006

4. Multikulturalität und Interkulturalität: Vom Nebeneinander zum Miteinander

Wie wir im ersten Kapitel festgestellt haben, bezeichnet „Multikulturalität" eine soziale Organisationsstruktur und „Interkulturalität" die Dynamik des Zusammenlebens in einer solchen multikulturellen Lebenswelt. Insofern ist Interkulturalität eine Qualität von Multikulturalität. Sie ist zum einen durch die Motivation bzw. Offenheit der Beteiligten einer „Multikultur" geprägt. Zum anderen wird sie aber auch wesentlich bestimmt durch Handlungsspielräume, die aufgrund politischer Strukturvorgaben in sehr unterschiedlicher Form markiert sein können. Dass es diesbezüglich im parteipolitischen Spektrum der Bundesrepublik äußerst kontroverse Vorstellungen von „Multikulturalität" gibt, vereinfacht den Umgang mit dem Begriff nicht unbedingt. Jeder, der im Bereich der interkulturellen Kompetenzvermittlung engagiert ist, sollte sich daher sehr bewusst in diesem breiten Spektrum zu positionieren versuchen. Sehr aufschlussreich sind in diesem Zusammenhang die über das Internet leicht recherchierbaren Aussagen zu „Integration" und „Multikulturalität" in den Grundsatzprogrammen der politischen Parteien.

4.1. Multikulturelle Perspektiven – oder: Drei Varianten von Multikulturalität

Wir können drei Varianten von Multikulturalität unterscheiden, die ihrerseits durch ein Mehr oder Minder an Interaktion charakterisiert sind: Je intensiver die Interaktionen zwischen den Angehörigen unterschiedlicher Lebenswelten sind, desto deutlicher ist die organisationale Multikulturalität durch interkulturelle Prozessdynamiken charakterisiert. Bezogen auf die Einschätzung kultureller Vielfalt lässt sich dabei eine Entwicklung feststellen, die vielleicht am treffendsten als Stufenfolge von „Ignoranz" – „Toleranz" – „Akzeptanz" beschrieben werden kann:

Multikulturalität I	Multikulturalität II	Multikulturalität III
„Unechte", nur statistisch existente Multikulturalität. Kulturelle Eigenheiten werden aufgrund strikter Assimilationsforderungen vielfach unterdrückt und ignoriert, um ein Gegeneinander der Gruppen zu verhindern.	Kulturelle Gruppen können ihre Identität bewahren, grenzen sich dazu aber voneinander ab. Es resultiert ein durch Toleranz geprägtes Nebeneinander im Sinne friedlicher Koexistenz.	Kulturelle Gruppen bewahren sich identitätsstiftende Freiräume, akzeptieren diese gegenseitig, und versuchen ein interkulturelles Miteinander zu realisieren.

„**Multikulturalität I**" ist geprägt durch die deutliche Vorherrschaft einer übergreifenden und im besten Fall „gast"gebenden Lebenswelt, die ihre in der Regel schwachen Identitätsstrukturen durch strikte Anpassungsforderungen zu wahren sucht. Ihrer Intention nach weist sich „Multikulturalität I" als Monokulturalität aus. „Integration" impliziert dementsprechend die vollständige Unterordnung unter das Regelsystem einer „Leitkultur". Aufgrund der latenten Angst, die eigene Kultur werde durch „fremde" Einflüsse unterhöhlt, vollzieht sich Handeln im Sinne einer präventiven Gefahrenabwehr. Dies gilt letztlich für jede Lebenswelt, die ihre Identität als vermeintlich homogene zu wahren sucht. Politisch lässt sich ein solches Denken in Deutschland vor allem bei den rechtsextremen Parteien nachweisen. Je größer die Ängste vor kulturellem Identitätsverlust sind, desto extremer ist die Wahl der Mittel, mit denen selbst noch eine in sich erstarrte und statische Multikulturalität verhindert werden soll: So heißt es im Bundesparteiprogramm der Republikaner:

„In Deutschland ist die Grenze der Belastbarkeit überschritten. Der hohe Ausländeranteil hat in vielen Städten und Stadtteilen dazu geführt, daß Deutsche in die Minderheit geraten, Schulklassen fast nur noch aus Ausländern bestehen und – vor allem bei Türken – Parallelgesellschaften entstehen. Die Aufnahmefähigkeit für Ausländer aus fremden Kulturkreisen ist erschöpft, teilweise bereits überschritten, eine Integration findet kaum noch statt. Noch mehr Ausländer werden insbesondere nicht benötigt, um den Bevölkerungsrückgang in Deutschland auszugleichen und die sozialen Sicherungssysteme zu retten. In einem der am dichtesten besiedelten Staaten der Welt und angesichts der großen Umweltprobleme wäre ein gewisser Rückgang der Bevölkerungsdichte ein Segen. (Aus: Die Republikaner, Bundesparteiprogramm Berlin o.J., S. 20 http://www.rep.de/upload/REP_Daten/Werbemittel/_Allgemein/Parteiprogramm/BUND_parteiprogramm_2011.pdf).*

Im Kontext von „**Multikulturalität II**" wird Integration demgegenüber nicht als Vereinnahmung verstanden. Auch in organisationaler Hinsicht bleiben hier Freiräume bestehen, die gerade in Krisensituationen identitätsstiftende und -stärkende Funktionen erfüllen können.

Unter diesem Aspekt sind die in westdeutschen Großstädten zu beobachtenden „ethnischen communities" auch keineswegs nur negativ zu werten. Sie bieten den angesprochenen Freiraum kultureller Selbstverständigung, wobei sie nicht in jedem Fall mit Ghettos verwechselt werden dürfen.

Gerade für die Einwanderer der zweiten und dritten Generation geht es nicht um die Alternativen „Abschottung" oder „vollständige Integration" in Bezug auf die deutsche Gesellschaft. Anpassung erfolgt immer als partielle, während auf anderen Gebieten Eigenständigkeit gewahrt wird und die ethnischen communities die Möglichkeit bieten, dies auch zu realisieren.

In diesem Sinn ist „Multikulturalität II" einerseits durch ein gebilligtes Maß an Interaktion zwischen Angehörigen unterschiedlicher Lebenswelten charakterisiert. Andererseits wird aber in einem ebenso breiten Spektrum sehr deutlich die Unterordnung unter die bestehende „Leitkultur" gefordert. Ziel ist letztlich eine Vereinheitlichung von Differenzen durch die Förderung friedlicher Koexistenz. Ein immer wieder angeführtes Beispiel für ein solches – auch räumlich fixiertes – Nebeneinander ist New York, wo ganze Stadtviertel wie Spanish Harlem, Chinatown und Little Italy oder aber größere Straßenzüge primär von derartigen ethnischen communities bevölkert sind:

Kaum ein US-Amerikaner würde vor diesem Hintergrund auf den Gedanken kommen, New York – wie es viele Nicht-Amerika-

Abstammung	Anzahl	bevorzugte Wohnorte in New York
spanisch	1.150.000	Spanish Harlem
italienisch	653.000	Little Italy, East Harlem
jiddisch	543.000	Brooklyn, Lower East Side
deutsch	264.000	Yorkville, beiderseits der East 86th Street
polnisch	105.000	Manhattan (7th /8th Street östlich der 3rd Ave.)
griechisch	68.000	Borough Queens (Astoria, Flushing, Forest Hill)
chinesisch	62.000	Chinatown
russisch	46.000	Broadway /160th Street
norwegisch	18.000	Brooklyn: Bay Ridge
arabisch	15.000	Brooklyn: Atlantic Avenue
japanisch	10.000	West 57th Street

ner tun – als „typisch" für die USA zu bezeichnen. Ebenso wenig korrekt wäre es dementsprechend, von der US-amerikanischen Identität zu sprechen – es geht unter gesellschaftlichen Aspekten immer um „American identities". Von daher ist auch die auf die USA bezogene „meltingpot"-Hypothese sehr umstritten: Eine „Verschmelzung" der Kulturen hat gerade nicht stattgefunden, wie gegenwärtig beispielsweise das angespannte Verhältnis zwischen Hispanics, Asiaten und Afro-Americans in den Südstaaten der USA deutlich vor Augen führt.

In Deutschland dokumentieren zumindest die Grundsatzprogramme der traditionellen Parteien ebenfalls eine Politik der „Multikulturalität II". Aus der Sicht der CSU bedeutet dies:

„Wir werden die Identität unseres Landes nur erhalten können, wenn wir unsere über Jahrhunderte gewachsene Kultur wertschätzen und pflegen. Nur mit innerer Stärke und Selbstvertrauen können wir anderen Kulturen im eigenen Land und in der Welt selbstbewusst begegnen."(CSU, Chancen für alle! In Freiheit und Verantwortung gemeinsam Zukunft gestalten. Das Grundsatzprogramm. Grünwald 2007, S. 144. Auch: http://www.cdu.de/partei/15. htm; Zugriff: April 2012)

Und bei der SPD:

„Einwanderung verlangt Integration. Sie ist eine gemeinsame Anstrengung. Dazu müssen beide Seiten bereit sein. Einwanderer müssen sich integrieren, wir müssen ihnen dazu alle Möglichkeiten geben, am Leben unserer Gesellschaft teilzunehmen. Daher verlangt Integration faire Chancen, aber auch klare Regeln. Unser Grundgesetz bietet Raum für kulturelle Vielfalt. Daher braucht niemand seine Herkunft zu verleugnen. Es setzt aber auch Grenzen, die niemand überschreiten darf, auch nicht unter Hinweis auf Tradition oder Religion" (aus: SPD. Hamburger Programm. Berlin 2007, S.36. Auch: http://www.spd.de/linkableblob/1778/data/hamburger_programm.pdf. Zugriff: April 2012)

Zwar besagt auch der Begriff „**Multikulturalität III**" nicht, dass sich das Nebeneinander von Lebenswelten im Sinne einer homogenen „Weltkultur" oder dgl. vollständig auflöst. Differenzen werden und müssen bestehen bleiben, aber die einzelnen Lebenswelten überwinden ihre „Container"-Statik und die damit verbundenen Abschottungstendenzen, indem über die Grenzen der eigenen ethnischen Gruppe hinweg im Sinne des gleichberechtigten und wechselseitigen „Gemeinschaftlich-Machens" (→ communicare) auch gemeinsame Handlungsmöglichkeiten realisiert werden. Ein solches Handeln ist per definitionem interkulturell, weil es sich im Zwischenraum der Lebenswelten abspielt.

Multikulturalität existiert dann nicht mehr als Ordnungsprinzip, sondern als Prozess, innerhalb dessen neue Gedanken, Pläne und Handlungen entstehen können, die bei strikter räumlicher Trennung der Lebenswelten nicht denkbar wären. So weiß man, dass Schüler in gut moderierten multikulturellen Klassen insgesamt kreativer sind und weniger Vorurteile gegenüber Menschen anderer ethnischer Herkunft haben als Kinder aus Klassen mit einem geringen Ausländeranteil. Zu den Bedingungen zählt allerdings, dass die Kinder zu gemeinsamen Aufgaben und Problemlösungen motiviert werden und dass sie merken, dass der häufige interkulturelle Kontakt allen Seiten Vorteile verschafft. Hierzu gehört in erster Linie, dass man im Sinne des „communicare" etwas gemeinschaftlich macht. Gelingt dies, entwickeln sich gemeinsame „eigene" Regeln: Interkulturalität ist dann ein Schritt zu neuer Kulturalität. Zu fragen ist allerdings, mit welchen Mitteln eine Multikulturalität des Miteinander (III) sinnvoll forciert werden kann und was eine solche Entwicklung eher verhindert.

4.2. Synergien fördern statt Synthesen planen

Die Schwierigkeiten, die sich mit der Zielsetzung verbinden, Multikulturalität aus einem Nebeneinander in ein interkulturell-dynamisches Miteinander zu überführen, können heute vor allem im internationalen Unternehmensalltag beobachtet werden. Zu einer Zeit, in der Unternehmenszusammenschlüsse im Sinne von Fusionen oder sog. mergers auf der Tagesordnung stehen, in der virtuelle Teams als Staffeln über den Globus verteilt rund um die

Uhr z. B. Konstruktionsaufträge bearbeiten, erschöpft sich Multikulturalität nicht mehr im Nebeneinander der Fließbandarbeit.

Mega-Zusammenschlüsse wie die rückgängig gemachte von DaimlerChrysler, Hoechst/Rhone-Poulenc oder auch das gescheiterte Vorhaben der BMW-Rover-Kooperation sind nur die prominentesten Beispiele einer sich sehr rasch vollziehenden, mehr oder weniger erfolgreichen Internationalisierungswelle. Dabei geht es im Wesentlichen auch darum, herauszufinden, wie kulturell unterschiedliche Arbeits- und Führungsstile, unternehmerische Zielvorstellungen oder Produktideen auf „einen Nenner" gebracht werden können, ohne dass sich einer der Partner unterdrückt oder ausgebootet fühlt.

Am Beispiel eines Joint Ventures zwischen einem thüringischen und einem außereuropäischen Unternehmen lässt sich die Ausgangsproblematik des Auslotens von gemeinsamen Handlungszielen sehr pointiert aufzeigen. In beiden Unternehmen wurden die Führungskräfte auf Bereichs- und Abteilungsleiterebene nach den grundlegenden Zielsetzungen ihrer Managementtätigkeit befragt und gebeten, diese Zielsetzungen in eine Rangfolge zu bringen. Das Ergebnis dokumentiert Wertepräferenzen, die unterschiedlicher kaum sein können:

Während aus deutscher Sicht ausschließlich bewahrende und kontinuitätsorientierte Werte genannt wurden, dominieren auf

Rang	Deutsche	Außereuropäischer Partner
1	Sicherung des Unternehmens	Gute Zusammenarbeit im Team („wa")
2	Arbeitsplatzsicherung	zu Fleiß motivieren
3	Arbeitsdisziplin herstellen	Innovationskraft des Unternehmens stärken
4	Zuverlässigkeit garantieren	Verbesserung der Unternehmensumwelt

der Seite des Partnerunternehmens innovative, dynamische und teamorientierte Zielvorstellungen. In viel existenziellerer Form als auf der Makroebene „ethnischer communities" stellt sich im Mikrobereich sozialer Gruppen die Frage, wie ein Miteinander und damit eine Interkultur in die Praxis umgesetzt werden kann. Dies fängt, um bei unserem Kooperationsbeispiel zu bleiben, mit der Formulierung gemeinsamer Leitbilder, Führungsgrundsätze und Anreizsysteme an. Es ist offenkundig, dass die Gegensätzlichkeit der Ausgangspositionen jeden Syntheseversuch in einen halbherzigen Kompromiss münden lassen würde. Eine in diesem Sinne „Best of both"-Lösung würde keinen der Partner zufriedenstellen und mit großer Wahrscheinlichkeit über kurz oder lang zum Scheitern des gemeinsamen Vorhabens führen. Eines der bekanntesten Beispiele für eine „Best-of-both"-Synthese ist die sog. „Theory Z", mittels derer US-Unternehmen den in den Achtzigerjahren entbrannten Wettbewerb mit der japanischen Automobilindustrie gewinnen wollten. Den Ausgangspunkt für dieses Synthesemodell

Merkmale	Japanische Werke in Japan	Amerikanische Werke in den USA
Produktivität (Std./Fahrzeugherstellung)	16,8	25,1
Lagerbestand (Tage für 8 ausgewählte Teile)	0,2	2,9
Anteil Teamarbeiter in % der Belegschaft	69,3	17,3
Verbesserungsvorschläge je Beschäftigten	61,6	0,4
Ausbildungsdauer neuer Produktionsmitarbeiter (Std.)	380,3	46,4
Montagefehler pro 100 Fahrzeuge	60	82,3

Quelle: Gerd Zülch, Vereinfachen und verkleinern: die neuen Strategien in der Produktion. Stuttgart 1992

bildete eine Analyse der Ursachen des damaligen Wettbewerbsvorsprungs japanischer Automobilhersteller auf dem amerikanischen Markt und auf Auslandsmärkten amerikanischer Automobilunternehmen. Dabei wurde sehr schnell deutlich, dass die mit 16,8 gegenüber 25,1 Stunden erheblich kürzere Produktionszeit für japanische Autos ursächlich auf ein anderes Zuliefersystem, vor allem auf eine andere Arbeitsorganisation, ein anderes Personalmanagement zurückzuführen war.

Ein wesentlicher Grund für die Unterschiedlichkeit der Ergebnisse besteht in dem eindeutig an langfristiger Beschäftigung bzw. Mitarbeitertreue, Teamdenken und Unternehmensvernetzung orientierten japanischen Modell, das dem „hire-and-fire"-Prinzip in amerikanischen Unternehmen ebenso entgegengesetzt ist, wie es in Bezug auf die Wettbewerbs- und Einzelkämpfermentalität der amerikanischen Arbeitsorganisation der Fall ist. Gehen wir noch weiter zurück, werden wir sehr schnell den religiösen Einfluss entdecken: einerseits das buddhistische Prinzip der unteilbaren Einheit, das „Sowohl als auch", andererseits den protestantischen Individualismus mit seinem logisch zweiwertigen Prinzip des „Entweder – Oder".

In diesem Sinne formuliert die „Theory Z" ausgehend von einer Merkmalsbeschreibung des amerikanischen Systems (Typ A) und des japanischen Systems (Typ J) „Best-of-Both"-Synthese:

Obwohl die „Theory Z" in das Ausgangsmodell für die heute auch in europäischen Werken praktizierte Methode des „Lean Management" bzw. der „Lean Production" gebildet hat, ist sie in dieser synthetischen Form nirgendwo realisiert worden. Etliche Anpassungen sowohl in den USA als auch in Westeuropa waren notwendig, um schwerwiegende Krisen zu meistern. Der Grund für solche Krisen bestand unter anderem darin, dass das japanische Modell seines kulturellen Kontextes bedurfte um zu funktionieren. Als Beispiel genannt sei die enge Bindung japanischer Unternehmen untereinander, die noch sehr stark mit der früheren Konglomerats-Organisation zusammenhängt. Ein Prinzip wie die just-in-time Lagerhaltung, bei der sich Unternehmen darauf verlassen können, dass ein Zulieferer ein bestimmtes Produktionsteil zu einem bestimmten Zeitpunkt im Werk abliefert, funktioniert in Europa schon deshalb nicht, weil beispielsweise Streiks, die in Japan weitgehend unbekannt sind, sehr schnell für Lieferverzögerungen sorgen und damit auch Produktionsausfälle zur Folge haben können. Weiterhin bildet die gesamte Arbeitsorganisation in einer Kultur ein System, in dem alle Teile dieses Systems miteinander verflochten sind und sich gegenseitig prägen.

So kann die Ausbildungszeit neuer japanischer Produktionsmitarbeiter nur deshalb so lang sein, weil sich diese Investition angesichts der langfristigen Beschäftigungsverhältnisse und damit der „Treue" gegenüber dem Unternehmen lohnt. Ähnliches

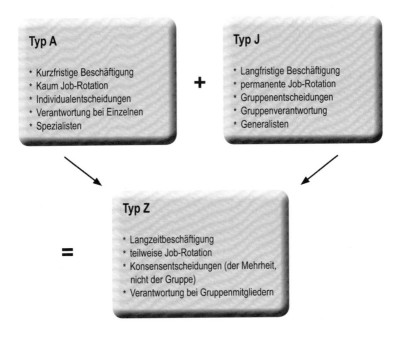

gilt in Bezug auf die Job-Rotation, also dem Tatbestand, dass jeder Mitarbeiter möglichst viele Arbeitsplätze eines Unternehmens kennen lernt. Dies wiederum begünstigt eine Generalistenprägung. Für das amerikanische Modell lässt sich ein entsprechend anders akzentuierter Systemzusammenhang aufweisen, der deutlich macht, dass ein Vorgehen nach der Synthese- oder Implantatmethode der „Theory Z" nicht praktikabel ist.

So hat die Praxis des „Lean Managements" vielmehr gezeigt, dass es nicht möglich ist, ein kulturübergreifendes Handlungsmodell zu realisieren. Tatsächlich hat das Management des Unternehmens im Einzelfall sehr viel dem Zufall und der Selbstorganisation überlassen, denn es standen keine Lösungsstrategien zur Verfügung. Wie sich inzwischen herausgestellt hat, waren und sind diejenigen Umsetzungen am erfolgreichsten, die derartigen Selbstorganisationsprozessen Raum gelassen haben. Wo die Flexibilität hingegen gering war, wo man am Schreibtisch erarbeitete Synthesemodelle unterschiedlicher kultureller Ausgangsbedingungen in der Realität erproben wollte, waren in der Regel auch Misserfolge vorprogrammiert.

Warum dies so ist, zeigt unsere Definition von Interkultur im ersten Kapitel: wenn wir davon ausgehen, dass sich Interkulturen im Moment des gemeinsamen Handelns von Angehörigen unterschiedlicher Kulturen „ereignen", dieses Ereignis aber aufgrund etlicher stets in Veränderung begriffener Bestimmungsfaktoren wie u.a. das Selbst- und Fremdbildverhältnis der Beteiligten in der spezifischen Form seines Auftretens nie mit Genauigkeit voraussagbar ist, dann ist es auch nicht planbar. Genau diese Planbarkeit bezweckt aber die „Theory Z". Synthesemodelle sind in gewisser Weise statisch und letztlich realitätsfern, weil sie weder der Ereignishaftigkeit interkulturellen Handelns noch der Unberechenbarkeit der Entfaltungsweise der jeweiligen kulturellen Energien Rechnung tragen können. Ungeachtet aller geplanten Vorgaben und zumindest teilweise hinter deren Rücken dürfte sich das Zusammenspiel, das Miteinander der verschiedenkulturellen „Energien" tatsächlich viel ungesteuerter und eher selbst- als fremd organisiert vollziehen. Man spricht dann von synergetischen Prozessen. Zuerst entdeckt und beschrieben wurden derartige synergetische Prozesse in der Lasertechnik.[10] Um zu erklären, wie aus einem mikroskopischen Chaos ein hoch organisierter Prozess sich gegenseitig angleichender Lichtwellen entsteht, deren „Takt" allerdings nicht voraussagbar ist, nimmt man eben jene beschriebenen Selbstorganisationsprozesse an. Die Instabilität und Ungeordnetheit der Ausgangssituation wird mit zunehmender Komplexität des „Miteinander" mittels der organisatorischen Kraft einer „unsichtbaren Hand" in eine neue Ordnung hinübergeführt. Derartige „invisible-Hand-Prozesse" werden beispielsweise auch unterstellt, wenn man bei Prozessen des Sprachwandels zu erklären versucht, warum sich bestimmte Begriffe durchsetzen und andere nicht (wie z. B. in Deutschland „Handy" gegenüber „Mobiltelefon"). Eine vollständige Erklärbarkeit ist gerade wegen der „Unsichtbarkeit" des selbstorganisatorischen Ordnungsprinzips nicht zu erreichen. Dies gilt erst recht in Hinblick auf die Prognostizierbarkeit spezifischer Formen von Selbstorganisation in komplexen Systemen: Hier sind allenfalls tendenziell Aussagen über mögliche Verläufe solcher Prozesse möglich. Hierbei werden wesentliche Ordnungsfunktionen vor allem von älteren Subsystemen übernommen, weil diese bereits über „geebnete" Netzwerkzugänge und -bindungen verfügen. Ansonsten besteht das Selbstorganisationsprinzip anscheinend nur in der vagen Maxime: „Es soll eine Ordnung sein".

Die beschriebene selbstorganisatorische Prozessualität entspricht dem, was wir unter interkultureller Interaktion und unter einer realisierten „Multikulturalität (III)" verstehen. „Synergien statt Synthesen" könnte dementsprechend auch das Motto lauten, das jedem Management interkultureller Prozesse zugrunde liegen müsste, gleichgültig, ob dieses „Management" im Unternehmens- oder im sozialen Bereich stattfindet.

Der Vorteil einer synergetischen Organisation von Interkulturalität zwischen multikulturellen Gruppen kann als doppelter gesehen werden: zum einen vermeiden die Beteiligten, dass der interkulturelle Prozess, der sich zwischen A und B abspielt, von außen gesteuert wird. Weiterhin wird gerade durch das Zulassen von Selbststeuerungsprozessen die Entstehung von „Interkulturen" ermöglicht, die qualitativ wirklich Neues hervorbringen, zu dem allein weder A noch B in der Lage gewesen wären.

Die Notwendigkeit eines Umdenkens, einer Verabschiedung von überhöhten Steuerungszwängen, wird deutlich, wenn wir uns die Bedingungen vor Augen führen, unter denen sich Unternehmen heute in Globalisierungszusammenhängen zusammenschließen und Unternehmenskulturen entwickeln: Vor allem für strategische Allianzen, inzwischen aber auch für Merger, gilt, dass sie – anders als in der „Ersten Moderne" – nicht mehr im Bewusstsein einer unbefristeten Dauer eingegangen werden. Selbst wenn die Zusammenarbeit über längere Zeit hinweg währt, können sich aufgrund der Netzwerkeinbindung und der Netzwerkdynamik der Partner (oder des fusionierten Unternehmens) sehr schnell die Konstellationen ändern, innerhalb derer gearbeitet wird. Als Beispiele seien die Akquise und Wiederabstoßung von Mitsubishi aus dem DaimlerChrysler-Konzern oder das Zusammen- und Auseinandergehen von Daimler und Chrysler genannt (innerhalb Deutschlands z.B.: Bäckerei Kamps kauft „Nordsee", die Commerzbank kauft die Dresdner Bank).

Durch Vernetzungen sind die Planungs- und Steuerungskapazitäten eines Unternehmens erheblich reduziert. Während in der „Ersten Moderne" Steuerungs- und Gestaltungsvorgaben noch in relativ festen Unternehmensstrukturen verankert werden konnten und Eigendynamiken aufgrund ihrer Unberechenbarkeit als Störfaktoren galten, entwickelt sich das Verhältnis von Struktur und Prozess unter den aktuellen Globalisierungsbedingungen in umgekehrt proportionaler Weise: Prozesse dominieren inzwischen Strukturen, und auch nur in dieser Weise lassen sich offene Netzwerkdynamiken denken.

Interessant ist heute nicht mehr so sehr die langfristige Strukturplanung eines Unternehmens oder einer Institution, sondern die Frage, welche Faktoren die Anschlussfähigkeit an Netzwerke bestimmen und wie derartige Prozesse so moderiert werden können, dass sie möglichst synergetisch verlaufen.

4.3. Konsens nicht um jeden Preis

Die Realität interkulturellen Handelns ist allerdings zumindest dann, wenn sie in einem bestimmten organisationalen Rahmen stattfindet, fast immer noch dadurch charakterisiert, dass seitens der Beteiligten ein mehr oder minder großes Steuerungsbedürfnis vorhanden ist. Ein Beispiel hierfür ist das Missverständnis, internationale Fusionen möglichst schnell realisieren zu müssen, indem – wie seinerzeit bei „DaimlerChrysler" – Namen zusammengeschweißt oder Corporate Identity-Modelle formuliert werden, die nicht verhehlen können, dass sich eigentlich nur einer der beiden Partner besser „durchsetzen" konnte oder wollte. Wirklich identifizieren mit dieser neu gesetzten Identität kann sich zumeist jedoch keiner der Partner. Dass das Bewusstsein der Eigenständigkeit der Partner letztlich zur Konfliktvermeidung beiträgt, dass die „Einheit angesichts der Vielfalt" in einer pluralistischen Wertewelt die friedfertigste Lösung darstellt, ist bekannt. Und trotzdem suchen die Teilnehmer immer wieder den Konsens, weil es sich hierbei um ein Verhaltensschema handelt, dass – durchaus kulturübergreifend – Sozialisationskontexte prägt. Denn gerade weil Alltagshandeln auf Routinen angewiesen ist und nur unter den Prämissen der Fraglosigkeit, der Normalität und der Plausibilität funktioniert, erlässt es quasi imperativisch die Maxime: „Es soll ein Konsens sein" – damit ein Maximum an Handlungsautomatisation und damit auch ein Höchstmaß an Handlungseffizienz erreicht wird.

Jeder Konflikt wirkt sich aus der Perspektive des Alltagshandelns hemmend und störend aus, so dass alle Kulturen mehr oder minder subtile Konfliktvermeidungsstrategien bzw. Konfliktlösungsinstanzen entwickelt haben. Dissens ist aus dieser Perspektive das Schlechte, zu Vermeidende, während der gesamte Sozialisationsprozess darauf ausgerichtet ist, Konsens positiv zu werten.

Interkulturelles Handeln unterliegt freilich nicht den Gesetzen intrakulturellen Alltagshandelns, weil eine Selbstverständlichkeit von Handlungsvoraussetzungen etwa in einem gemeinsamen „kulturellen Gedächtnis" gerade nicht gegeben ist.

Von daher ist das In-Frage-Stellen und Thematisieren sowohl der jeweils eigenen Handlungsvoraussetzungen als auch das derjenigen der fremdkulturellen Partner Bedingung, um den Erfolg interkulturellen Handelns langfristig zu sichern: Die Reflexion des Dissenses, die Fähigkeit, die Spannung zwischen Unvereinbarem aushalten, Gegensätzlichkeiten akzeptieren zu können, ist damit Bedingung einer tragfähigen interkulturellen Handlungsbasis. Insofern sind Syntheseversuche wie die am Beispiel der „Theory Z" beschriebenen in gewisser Weise auch immer von dem Zwang geleitet, Konsens finden und praktizieren zu müssen. Wie leicht einzusehen ist, geht dies jedoch immer zu Lasten des jeweils „Eigenen" der Beteiligten. Vernachlässigt man dieses „Eigene", fehlt beispielsweise in Krisensituationen auch die Möglichkeit, sich in einem solchen Refugium regenerieren zu können.

Zusammengefasst: Gemeinsame Handlungsorientierungen und Ziele sind notwendig. Sie sollten in ihrer Formulierung jedoch inhaltlich nicht einengend bis ins Detail festgelegt, sondern so vage sein, dass sie eine Vielheit angesichts der Einheit, einen Konsens im Bewusstsein der Unterschiedlichkeit ermöglichen. Die Fähigkeit, auf dieser Grundlage handeln zu können, ist ein unverzichtbarer Bestandteil interkultureller Kompetenz.

Um auf unsere Fallstudie mit dem außereuropäischen Kooperationsunternehmen zurückzukommen, ist es einerseits offensichtlich, dass eine Initiierung synergetischer Prozesse die Anerkennung der einzelnen Kräfte voraussetzt. Diversity Management ist dabei allerdings nicht mit einem „Segeln im Chaos" gleichzusetzen, bei dem die Beteiligten sich selbst überlassen sind. Genauso wenig wie man von dritter Seite eine „Leitkultur" vorgeben dürfte, wäre es wenig Erfolg versprechend eine nur abwartende Position nach der Maxime „es werden sich schon Synergien ergeben" einzunehmen. Ohne eine bewusste Initiierung von Lernprozessen wird dies aller Wahrscheinlichkeit nach nicht eintreten. Die Initiierung selbst sollte jedoch nur unter methodischen, nicht aber unter inhaltlichen Vorgaben erfolgen. Und genau hierin besteht die Aufgabe von interkulturellen Prozessmoderatoren und Mediatoren.

4.4. Interkulturelle Missverständnisse und Metakommunikation

Interkulturen sind Synergieprodukte, die durchaus über eine eigene Normalität, eigene Handlungsschemata und damit auch eigene Wissensvorräte verfügen können. Die gemeinsame Wissensbasis, auf der bei intrakulturellem Handeln aufgebaut werden kann (und damit eine neue entstehende Form von Kulturalität) , muss in einer Interkultur erst sukzessiv aufgebaut werden.

Das bedeutet, es konkurrieren bei den Mitgliedern einer solchen Interkultur zwei Handlungsschemata: Eines, das auf die aktuelle interkulturelle Realität des Miteinanders bezogen ist sowie eines, das dieser Realität vorgelagert und durch den Wissensvorrat der jeweiligen unterschiedlichen Herkunftskulturen determiniert ist. Insofern spielen die Agenten einer Interkultur stets eine Doppelrolle: sie sind in dem beschriebenen Sinn durch Multikollektivität und die Interkultur durch Polykollektivität charakterisiert.

Entsprechend dem klassischen Merger-Motto „Wir verändern uns gemeinsam"[11] werden sie dabei im Idealfall bemüht sein, Handlungsspielräume nicht nach Maßgabe der Regeln ihrer primären Ausgangskultur zu definieren, sondern so, dass für alle Beteiligten eine größtmögliche Akzeptanz erzielt wird. Je stärker sich die Mitglieder eines internationalen Teams in Bezug auf ihre kulturelle Herkunft unterscheiden, desto bewusster werden sie bemüht sein, gegenseitige Akzeptanzgrenzen zu erkennen und zu wahren. Vertrautheit und Routine werden sich zwar einstellen; sie werden aber zunächst noch von dem Bewusstsein der Differenz der jeweiligen kulturellen Handlungsvoraussetzungen begleitet sein: Jeder Konsens, der ausgehandelt wird, beruht auf dem Bewusstsein, dass ihm tiefenstrukturell ein Dissens zugrunde liegt.

Interessanterweise lehrt die Praxis internationaler Kooperationen, dass interkulturelle Zusammenarbeit zumindest dann, wenn sie nicht von international unerfahrenen Beteiligten gesteuert wird, keineswegs zu Beginn, sondern in der Regel erst nach einigen Jahren gefährdet ist. Ein wesentlicher Grund hierfür ist darin zu sehen, dass sich in der interkulturellen Beziehung nach und nach Handlungsroutinen etablieren, die das Differenzbewusstsein auf ein Minimum reduzieren und alltagspraktisch den Eindruck einer gefestigten Normalitätsbasis erwecken. Dies kann dazu führen, dass interkulturelle und ausgangskulturelle Handlungsschemata nicht mehr auseinander gehalten werden, dass interkulturelles Handeln auf der Folie des ausgangskulturellen Wissensvorrats gedeutet wird. Gerade weil dies nicht bewusst verläuft, besteht in solchen Fällen die Gefahr von Missverständnissen.

Sofern diese Missverständnisse nicht rechtzeitig bemerkt und thematisiert werden, kann dies zu nachhaltigen Problemen führen. Unter Umständen ist den Beteiligten noch nicht einmal deutlich, worin das Missverständnis besteht und zu welchem Zeitpunkt es ursprünglich auftrat. Letztlich entlarvt sich damit die Paradoxie des Konsenses. Die häufig mit dem Konsensstreben verbundene bewusste oder unbewusste Ausklammerung von tatsächlich bestehender Unterschiedlichkeit der Handlungsvoraussetzungen fördert gerade die Produktion von Missverständnissen und negativer Gegensätzlichkeit. Anders gesagt: Unreflektierter Konsens begünstigt die Entstehung von Missverständnissen.

Damit stellt sich die Frage, wie wir uns vor einem solchen anscheinend durchaus verbreiteten unreflektierten Konsenshandeln schützen und dementsprechend die Gefahr interkultureller Missverständnisse wenn nicht ausschließen, so doch zumindest reduzieren können.

Als erfolgreiche Verhaltensweisen genannt werden in diesem Zusammenhang vor allem (a) Rollendistanz, (b) Empathie und (c) Metakommunikation:

(a) Unter „Rollendistanz" verstehen wir die Fähigkeit, sich gleichsam selbst „auf den Kopf gucken", sich also bei seinem eigenen Handeln beobachten zu können. Damit vergegenständlichen wir in gewisser Weise natürlich auch den gesamten (interkulturellen) Handlungskontext. Das erleichtert, die Differenz zwischen Eigenem und Fremdem zu reflektieren. Selbstbeobachtung in diesem Sinne ist letztlich auch eine

Grundlage für selbst kontrolliertes Handeln, was – um keine Missverständnisse aufkommen zu lassen – keineswegs auf Emotionslosigkeit hinauslaufen soll oder muss.

(b) Im Gegenteil: die Distanz gegenüber dem eigenen Handeln und letztlich auch gegenüber dem Situationskontext erleichtert es, auf den anderen einzugehen, zu versuchen die Hintergründe seines Handelns zu verstehen. Man spricht dann von Einfühlungsvermögen oder „Empathie". Und so wie die Rollendistanz den Raum für Situationsbeobachtungen öffnet, so bietet Empathie auf der Grundlage dieser Beobachtungen überhaupt erst die Möglichkeit, für den anderen und sein Handeln Verständnis aufzubringen.

(c) Obwohl Rollendistanz und Empathie wichtige Voraussetzungen darstellen, um mögliche Missverständnisquellen umgehen zu können, wird niemand davor gefeit sein, in so genannte „Fettnäpfchen" zu treten. Dies kann nun entweder offenkundig und einem selbst hinsichtlich der Ursachen bewusst sein, es kann aber auch in der Anfangsphase sehr verdeckt geschehen und man „fühlt" erst lange nachdem die Ursache des Missverständnisses sich ereignet hat, dass „etwas nicht stimmt". In beiden Fällen gilt, dass man die empfundene Unnormalität der Situation anspricht, thematisiert. Dies kann in der einfachsten Form beispielsweise durch ein Nachfragen („Wie meinen Sie das?") bzw. eine Entschuldigung geschehen oder aber durch ein Gespräch über die entstandene und zumindest für einen selbst als „ungut" empfundene Situation. Man spricht in diesen Fällen, in denen (misslungene) Handlungen oder Kommunikationsprozesse selbst zum Gegenstand der Kommunikation werden, von Metakommunikation. Metakommunikation zählt wie Rollendistanz und Empathie zu den grundlegenden Bestandteilen eines interkulturell kompetenten Verhaltens, wobei freilich die kulturelle Besonderheit des Thematisierens zu unterschiedlichen Formen der Metakommunikation führt. Dies gilt übrigens auch für ostasiatische Kulturen, bei denen man häufig glaubt, der Grundsatz des Gesicht-Wahrens würde Metakommunikation ausschließen. Dem ist keineswegs so – nur die Art und Weise der Metakommunikation ist indirekter als beispielsweise in westeuropäischen Kontexten.

Wichtig ist, dass insbesondere Metakommunikation, aber auch Rollendistanz und Empathie nicht als Kriseninstrumente verstanden werden, sondern als permanent einzusetzende Mittel interkulturellen Handelns. Anders gesagt: sie dienen dazu, „Entstehungsbrände" zu vermeiden oder deren Ausweitung zu (kaum mehr reparablen) „Flächenbränden" zu verhindern.

4.5. Wo sind die Grenzen der „Einmischung in kulturelle Angelegenheiten"?

Jedes interkulturelle Handeln schließt ein, dass die Beteiligten mit anderen, mehr oder minder fremden Konventionen, Normalitätsannahmen und Weltsichten ihrer jeweiligen Partner konfrontiert werden. In der Regel wird eine gemeinsame und in diesem Sinn „dritte" Handlungsgrundlage im Prozess des Zusammenarbeitens oder -lebens permanent ausgehandelt und korrigiert. Dies geschieht grundsätzlich unterschwellig; es kann sich aber auch – vor allem im ökonomischen und politischen Bereich – sehr geplant und reflektiert vollziehen.

In beiden Fällen kommt es vor, dass der „Aushandlungsprozess" dadurch gestört oder unterbrochen wird, dass eine gegenseitige Akzeptanz der jeweiligen Handlungsvoraussetzungen nicht erzielbar ist.

Ein Beispiel hierfür ist die von Kultur zu Kultur sehr unterschiedliche Korruptionspraxis. So besteht zwar spätestens seit der Verabschiedung des OECD-„Übereinkommens über die Bekämpfung der Bestechung ausländischer Amtsträger im internationalen Geschäftsverkehr" (1997) seitens der Unterzeichnerstaaten Übereinkunft in Hinblick auf die grundsätzliche moralische Verurteilung von Korruption. Ungeklärt lässt die Konvention allerdings, was genau unter Korruption zu verstehen ist. In Artikel 1, Abs. 1 heißt es:

„*Jede Vertragspartei trifft die erforderlichen Maßnahmen, um nach ihrem Recht jede Person mit Strafe zu bedrohen, die unmittelbar oder über Mittelspersonen einem ausländischen Amtsträger vorsätzlich, um im internationalen Geschäftsverkehr einen Auftrag oder einen sonstigen* **unbilligen** *Vorteil zu erlangen oder zu behalten, einen* **ungerechtfertigten** *geldwerten oder sonstigen Vorteil für diesen Amtsträger oder einen Dritten anbietet, verspricht oder gewährt, damit der Amtsträger in Zusammenhang mit der Ausübung von Dienstpflichten eine Handlung vornimmt oder unterlässt". (Hervorhebung J. B.)*

Was im einzelnen Fall unter „unbillig" und „ungerechtfertigt" verstanden wird, ist kulturell genauso unterschiedlich wie das jeweilige Länderrecht, auf dessen Grundlage die Strafbemessung erfolgt. Die Tatsache, dass die OECD-Konvention in ihren Formulierungen eher vage ist und mit der Souveränität der Mitgliedsstaaten auch deren Entscheidungsspielraum innerhalb des gemeinsamen Rahmens offen hält, belegt die Unmöglichkeit eines streng universalistischen Vorgehens. Ein solches Vorgehen würde beispielsweise voraussetzen, dass man über einen weltweit identischen Begriff von Korruption verfügt.

Wie wir verschiedentlich gesehen haben, ist ein solches identisches Begriffsverständnis allerdings schon deshalb nicht möglich, weil die Bedeutung von Begriffen einerseits Wandlungsprozessen ausgesetzt ist, die nicht weltweit synchron verlaufen. Andererseits entstehen Bedeutungen erst dadurch, dass sie – in der Regel innerhalb kultureller Gruppen – kommuniziert, vereinbart und in Handlungen erprobt bzw. korrigiert werden.

Um es am Beispiel von Korruption zu konkretisieren: Ab welcher Grenze eine Handlung als korrupt bezeichnet wird, hängt damit zusammen, wie sich die „Normalität" der Gegenseitigkeit zwischenmenschlicher Beziehungen in einer Kultur definiert. Aus sehr vielfältigen Ursachen, zu denen klimatische ebenso zählen wie religiöse, ist dies von Kultur zu Kultur sehr verschieden, was man etwa an der unterschiedlichen Praxis des Schenkens ablesen kann. So wie ein Nicht-Beschenken aus der Sicht der einen Kultur als unhöflich bewertet werden kann, mag umgekehrt ein Beschenken aus der Perspektive der anderen Kultur bereits als Bestechung registriert werden. Beispielsweise sind in in vielen Ländern Zahlungen zwecks Aufbau oder Erhalt einer Geschäftsbeziehung keineswegs ungewöhnlich. Man würde normalerweise nicht auf den Gedanken kommen, derartige Zahlungen unter dem Begriff „Korruption" zu verbuchen.

Problematisch wird es zweifellos dann, wenn entsprechende Zahlungen als selbstverständlich erachtet werden, weil sie „normal" sind, der mit einem anderen Verständnis sozialisierte Partner allerdings in moralische Konflikte geriete, wenn er tatsächlich (aus seiner Sicht: Schmiergeld) zahlen und sich der Korruption schuldig machen würde.

Keiner der Partner wird an den bestehenden kulturellen „Normalitätssystemen" etwas ändern: dem einen werden seine moralischen Bedenken kaum genommen werden können und auf der anderen Seite wird es sicherlich für diesen konkreten Fall nicht zu einer Systemänderung kommen. Eine ausweglose Situation? Zumindest dann, wenn eine Lösung praktiziert wird, welche die Souveränität einer der beiden Positionen missachtet. Unter der Behauptung von Souveränität ist hierbei nicht das Beharren auf ursprünglichen Standpunkten gemeint, sondern die Wahrung eigener und die Respektierung der fremden Identität im Vorwagen an die äußersten Akzeptanzgrenzen. Werden diese Akzeptanzgrenzen überschritten, wird es zumindest von einem der beiden Partner keine Grundlage für gemeinsames Handeln geben. In einem solchen Fall, in dem eine Verständigung über die unterschiedlichen Positionen zu keinem gemeinsamen Aushandlungsergebnis führt, ist es ratsam, sich nicht anzupassen, sondern die Geschäftsbeziehungen vorerst aufzugeben oder – wenn möglich – so zu führen, dass der strittige Punkt *bewusst* ausgeklammert wird.

Während in Fällen wie den beschriebenen eine Einmischung nicht sinnvoll ist, sofern sie die Souveränität der Partner in Frage stellt, gibt es natürlich auch Situationen, in denen eine derartige „Einmischung in fremde Angelegenheiten" legitim und notwendig ist. Gemeint sind vor allem Menschenrechtsverletzungen wie Völkermord, Kriegsverbrechen und Verbrechen gegen die Menschlichkeit.

Die immer wieder aufflammenden Diskussionen über die Universalität bzw. die Relativität von Menschenrechten oder auch die Tatsache, dass erst 1998 ein Internationaler Strafgerichtshof als Gerichtshof für Menschenrechte eingerichtet werden konnte, zeigt, dass auch in diesem Zusammenhang keineswegs unstrittig feststeht, wann und unter welchen Grenzvoraussetzungen eine Einmischung gerechtfertigt ist. So resultiert eines der am häufigsten vorgebrachten Argumente gegen den universalen Geltungsanspruch der Menschenrechte daher, dass deren Wiege in den USA bzw. der westlichen Welt steht. Insofern sind auch die ursprünglichen Formulierungen eindeutig durch eine kulturell determinierte Sichtweise bestimmt, die nicht unbedingt mit den Sichtweisen anderer Kulturräume vereinbar ist. Dementsprechend ist es für viele Ethnien auch gar nicht plausibel, Werte oder Handlungsweisen zu übernehmen, die in der westlichen Welt als moralisch „richtig" beurteilt werden. Erinnert sei in diesem Zusammenhang beispielsweise an die Kasteneinteilung im Hinduismus. Ungleichheit ist hier als sinn- und realitätskonstituierendes Element für einen ganzen Kulturkreis festgeschrieben, ohne dass sich jemand auch nur annähernd negativ dadurch beeinträchtigt fühlen würde. Mit dem euro-amerikanischen Gleichheitsprinzip, das letztlich auch den Menschenrechten zugrunde liegt, wäre dies allerdings kaum vereinbar.

Die Beispiele zeigen, dass die Frage nach der Legitimität von Einmischungen in fremde Kulturkonventionen nicht eindeutig beantwortbar ist. Es handelt sich letztlich immer um eine Gratwanderung zwischen kulturellem Relativismus und kulturellem Universalismus. Gleitet jemand zu stark in kulturrelativistische Positionen ab, verkehrt sich die angenommene „gleiche Gültigkeit" von Kulturen in Gleichgültigkeit. Überwiegt eine universalistische Sichtweise, kann dies zu kulturellen Dominanzbildungen und Ethnozentrismen führen.

Interkulturelle Kompetenz bedeutet in diesem Zusammenhang, dass man sowohl in Mikro- wie in Makrobereichen sozialer Interaktion in der Lage ist, größtmögliche Akzeptanzspielräume auszuhandeln. Hierzu ist es notwendig, die Souveränität der

Partner anzuerkennen und zu respektieren, in der Lage zu sein, Unvereinbarkeiten zu erkennen und zu thematisieren, seine eigene Position zu erklären, die Fremde zu verstehen und für die Permanenz von Aushandlungsprozessen werben zu können.

4.6. Was heißt „Interkulturelle Kompetenz" (IV)? Vierte Zusammenfassung mit weiteren Empfehlungen zur interkulturellen Kompetenzentwicklung

• *Das Spektrum, innerhalb dessen der Begriff „Multikulturalität" in der Öffentlichkeit verwendet wird, ist breit und wesentlich geprägt durch das Ausmaß an Interaktion, das zwischen den einzelnen Lebenswelten stattfindet bzw. zugelassen ist. Je größer die Interaktionsdichte ist, desto stärker ist die Interkulturalität der jeweiligen „Multikultur" ausgeprägt.*

Dreizehnte Empfehlung: Multikulturelle Szenarien sollten so strukturiert sein, dass – unter Wahrung monokultureller Refugien – möglichst viele Anreize zum gemeinsamen Handeln geschaffen werden. Diese Anreize sollten so vage wie möglich und so konkret wie nötig formuliert sein – nach Möglichkeit aber von den Beteiligten weitgehend selbst entwickelt werden. Was möglich und was nötig ist, wird sich von Fall zu Fall sehr unterschiedlich darstellen: Ein multikultureller Kindergarten arbeitet natürlich unter anderen Bedingungen als ein multikultureller Jugendclub oder als ein Unternehmen.

• *Integration sollte nicht von der aufnehmenden Kultur „vollzogen" werden, sondern ist als beiderseitiger Prozess des Aushandelns von Akzeptanzspielräumen denkbar, in denen auf diese Weise ein Miteinander geschaffen wird. Das Aushandeln selbst ist ein synergetischer Prozess, der dementsprechend eher moderiert als gesteuert werden sollte.*

Vierzehnte Empfehlung: Auch wenn wir Integration als zweiseitigen Prozess verstehen, gibt es neben fördernden Faktoren solche, die sich negativ auswirken können. Hierzu zählen eine lange Enkulturationsphase in der Ausgangskultur, mangelnde Erfahrungsvielfalt; entweder-/ oder-Denken, ethnische Isolation (Wohngebiete, Gruppenbildungen) sowie Anpassungsdruck seitens der neuen Umgebung. Positiv wirken Neugierde auf Fremdes, Lernbereitschaft, Erkennen des Mehrwerts von Fremderfahrungen, Aushandlungsbereitschaft in Bezug auf Akzeptanzspielräume, Sowohl-als-auch-Denken, Fähigkeit zu vernetztem Denken sowie sehr gute Kenntnisse der „Interkultur-Sprache".

• *Eine gegenseitige Wahrung der Eigenständigkeit der Partner verhindert Homogenitäts- und Konsensforderungen, die letzten Endes von keinem der Beteiligten eingelöst werden können. Ziel sollte es sein eine „Einheit angesichts der Vielfalt" im Sinne der Akzeptanz einer pluralistischen, sich permanent weiter entwickelnden Wertewelt zu realisieren.*

Fünfzehnte Empfehlung: Die „gleiche Gültigkeit" von Werten in einer pluralistischen Gesellschaft darf nicht in Gleichgültigkeit oder Ignoranz münden. Ziel muss die permanente Verständigung über gemeinsame Handlungsorientierungen und Ziele angesichts der Verschiedenheit sein. Nur so können im Bewusstsein der Unterschiedlichkeit gemeinsame Zielsetzungen ermöglicht werden. Unverzichtbar für die Realisation eines solchen interkulturellen Verständigungsprozesses sind Empathie, Rollendistanz und Metakommunikation, aber auch das Vermögen, eigene Standpunkte erklären zu können und in nicht akzeptablen Situationen „Nein" zu sagen – allerdings mit der expliziten Option, gemeinsames Handeln zu einem späteren Zeitpunkt ggf. wieder aufzunehmen.

4.7. Zum Nachdenken und Diskutieren

4.7.1. Deutschpflicht auf Schulhöfen

„Deutschzwang auf dem Schulhof

Erste Schule an der Saar ordnet Deutschpflicht an [...]

Saarbrücken. Seit jeher wird im Unterricht Deutsch geredet, Lehrmaterialien sind in dieser Sprache verfasst, Klassenarbeiten werden auf Deutsch geschrieben. Auf dem Schulhof jedoch können Heranwachsende seit jeher so reden, wie ihnen der Schnabel gewachsen ist – ob auf Hochdeutsch, im Dialekt oder in einer anderen Muttersprache, sofern es sich um Kinder mit ausländischem Hintergrund handelt. Als erste saarländische Schule bricht nun ein Gymnasium in Neunkirchen mit dieser Selbstverständlichkeit und verordnet auf dem Schulhof einen Deutschzwang."

Diese repressive Regelung stößt im Bildungsministerium und bei der Gewerkschaft Erziehung und Wissenschaft (GEW) auf Widerstand. Der Deutschzwang soll die Integration verbessern und einer Abgrenzung der Schüler über die Sprache entgegenwirken. Aktueller Anlass für die Deutschpflicht in den Pausen war offenbar der Ärger über Beleidigungen, die in fremden Sprachen gegenüber Lehrern und Schülern ausgedrückt worden sein sollen. Insofern soll der Deutschzwang Schüler vor Mobbing schützen.

Badische Zeitung, 18.1.2012 (auch: http://www.badische-zeitung.de/deutschland-1/deutschzwang-auf-dem-schulhof-54858340.html, Zugriff: April 2012)

Wie beurteilen Sie aus der Perspektive der beschriebenen Multikulturalitätsstandpunkte den Vorstoß einer Neunkirchner Schule in der Hausordnung zu verankern, dass auf dem Schulhof ausschließlich Deutsch gesprochen wird?

4.7.2. Interkulturelle Missverständnisse

Welche Kenntnisse benötigt man, um erklären zu können, wodurch die beiden nachfolgenden interkulturellen Missverständnissituationen hervorgerufen sind? Welche Problemlösungsstrategien würden Sie jeweils vorschlagen?

• Ein Mitarbeiter eines deutschen Unternehmens hat sich mit seiner Familie vorübergehend im Ausland niedergelassen, um Aufgaben in der dortigen Tochterfirma zu übernehmen. Bereits wenige Tage nach der Ankunft findet seine siebenjährige Tochter im Briefkasten den Zettel eines gleichaltrigen Mädchens aus der Nachbarschaft. Das deutsche Mädchen freut sich sehr auf die Begegnung mit dem Nachbarskind, obwohl sie es bislang nur kurz im Vorbeifahren gesehen hatte. Nachdem in den nächsten Tagen mehrere Versuche der Kontaktaufnahme gescheitert sind, ist das deutsche Mädchen verzweifelt und würde am liebsten sofort nach Deutschland zurückkehren.

• In einem deutsch-thailändischen Gemeinschaftsprojekt kommt es immer wieder vor, dass thailändische Mitarbeiter einerseits zur Ableistung unbezahlter Überstunden bereit sind, andererseits aber aus deutscher Sicht die alltägliche Aufgabenbearbeitung aufgrund der Einflechtung sozialer Aspekte (Gespräche, Essen, Feiern etc.) wenig stringent verläuft. Die deutschen Projektleiter haben dies als Faulheit gewertet und Sanktionen eingeführt. (siehe Grafik folgende Seite)

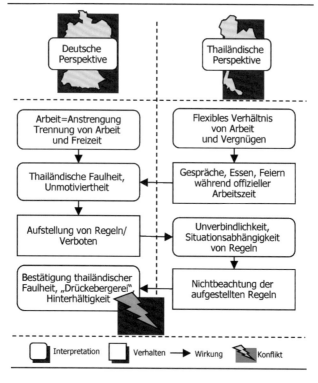

Deutsche Perspektive	Thailändische Perspektive
Arbeit=Anstrengung Trennung von Arbeit und Freizeit	Flexibles Verhältnis von Arbeit und Vergnügen
Thailändische Faulheit, Unmotiviertheit	Gespräche, Essen, Feiern während offizieller Arbeitszeit
Aufstellung von Regeln/ Verboten	Unverbindlichkeit, Situationsabhängigkeit von Regeln
Bestätigung thailändischer Faulheit, „Drückebergerei", Hinterhältigkeit	Nichtbeachtung der aufgestellten Regeln

☐ Interpretation ☐ Verhalten ⟶ Wirkung ⚡ Konflikt

S. Rathje, Unternehmenskultur als Interkultur. Sternfels 2004, S. 182

5. Interkulturelles Lernen

In den vergangenen Kapiteln haben wir bereits eine Reihe von Fähigkeiten, Fertigkeiten und Kenntnissen herausarbeiten können, die für erfolgreiches interkulturelles Handeln unerlässlich sind. Hierbei haben wir uns im Wesentlichen auf theoretische Überlegungen und Fallbeispiele gestützt, die verdeutlichen sollten, was in idealtypischer Hinsicht die Grundlage interkultureller Kompetenz darstellt.

Nur wenig berücksichtigt haben wir bislang, welche Strategien in der Praxis tatsächlich besonders häufig – und vor allem auch spontan – angewendet werden. Hierbei muss es sich keineswegs immer um positive oder erfolgreiche Strategien handeln. Sehr häufig werden, ohne besonders darüber nachzudenken, auch Verhaltensweisen ergriffen, die zunächst durchaus angemessen erscheinen, sich im nachhinein aber doch oft als kontraproduktiv erweisen. Und gerade deshalb ist das Wissen um die Problematik eines solchen zumeist intuitiven Vorgehens von Bedeutung (5.1). Es ist zugleich der letzte Baustein, um eine Zusammenfassung hinsichtlich dessen vornehmen zu können, was wir unter „interkultureller Kompetenz" verstehen wollen (5.2). Wenn man weiß, was „interkulturelle Kompetenz" im Einzelnen beinhaltet, wird es möglich, Trainingstypologien und Übungen für interkulturelles Lernen auf ihre Qualität und Leistungsfähigkeit hin beurteilen zu können bzw. eigenständig Trainings zu erarbeiten (5.3). Hierauf aufbauend können dann Überlegungen formuliert werden, wie interkulturelles Lernen in der Schule und im tertiären Bildungssektor sinnvoll durchführbar ist (5.4). Vor diesem Hintergrund sind die abschließenden „Aufgaben zum Weiterdenken" in diesem Kapitel insbesondere für den Bereich der interkulturellen Aus- und Weiterbildung konzipiert (5.5).

5.1. Kernprobleme und Bewältigungsstrategien deutscher Entsandter im Ausland

Wie wir bereits im Rahmen der Ausführungen zum Kulturschock (3.7) gesehen haben, können bei einem Auslandsaufenthalt Anpassungsschwierigkeiten auftreten, müssen es aber keinesfalls. Dies gilt in gleicher Weise, wenn man sich Berichte z. B. von Auslandsmitarbeitern einer Organisation oder eines Unternehmens ansieht: Was dort an positiven wie negativen Erfahrungen beschrieben wird, kann anderen Entsendungskandidaten schon deswegen allenfalls als Orientierung und nicht als Regelwerk dienen, weil es sich immer um sehr individuelle und von daher auch um nicht generalisierbare Erfahrungen handelt: „Fremde" Kontexte sind nie schlechthin, sondern immer nur mehr oder minder fremd. Trotzdem gibt es Erfahrungen, die unter statistischen Gesichtspunkten häufiger als andere gemacht werden und die zu kennen wichtig ist, wenn man effektive Konzeptionen für interkulturelles Lernen erarbeiten möchte.

Wir wollen uns an dieser Stelle auf Problemkontexte konzentrieren, die bei Auslandstätigkeiten im beruflichen Bereich besonders gehäuft auftreten. Beispielhaft sei das Ergebnis einer Befragung angeführt, die unter deutschen Führungskräften aus der Industrie mit den Entsendungszielen USA und Japan vorgenommen wurde.[12] Interessant ist hierbei einerseits, welche Problemkategorien zu den insgesamt häufiger genannten zählen. Auf diese Weise lassen sich in systematischer Form zielgruppenspezifisch relevante Gegenstandsbereiche für interkulturelles Lernen ableiten (siehe Tabelle nächste Seite).

Je länger die Entsendung dauert und je aktueller die Rückkehr wird (in der Regel nach 4–6 Jahren), desto mehr haben die Befragten mit ihrer Entsandtenrolle zu kämpfen. Sie sind noch nicht genügend in die Zielkultur integriert, um von den Einheimischen als einer von ihnen anerkannt zu werden. Gleichzeitig sind sie aber auch nicht mehr genügend in der Ausgangskultur verankert, um sich dort problemlos wieder reintegrieren zu können. Dies wird zum einen dadurch bestätigt, dass Gastlandkon-

Problem/Beispiele	Häufigkeit gesamt	2 Jahre	2–6 Jahre	> 6 Jahre
Reintegration (berufliche/ private Rückkehrprobleme, Zukunftsängste)	65 %	46 %	76 % ↗	61 % ↘
Stammhausbeziehungen (Autonomiekonflikt, fehlende Unterstützung)	60 %	50 %	61 % ↗	63 % →
Personal/Führung (Personalbeschaffung, -führung, -entwicklung)	48 %	50 %	48 % →	47 % →
Sprache/Kommunikation (Verständigungs-/ Orientierungsprobleme)	47 %	58 %	54 % →	32 % ↘
Gastlandkontakte (fehlende/ unbefriedigende Kontakte)	44 %	46 %	50 % →	34 % ↘
Arbeitszeit/-menge (lange Arbeitszeiten, Termin- druck, Geschäftsreisen)	43 %	25 %	56 % ↗	37 % ↘
Entsandtenrolle (Interessen-/ Loyalitätskonflikte, Vermittlerrolle)	39 %	29 %	35 % ↗	50 % ↗
(Ehe-)Partner (Fehlende Arbeitsmöglichkeiten, Isolation)	38 %	58 %	44 % ↘	16 % ↘
Lebensqualität (Freizeit, Wohnverhältnisse, Klima)	35 %	33 %	37 % →	34 % →
Arbeitsinhalte/-abläufe (Aufgabenneuheit, Überforderung, interne Abläufe)	29 %	33 %	30 % →	26 % ↘
Geschäftspraktiken (Kontaktaufbau, abweichen- de Geschäftsgepflogen- heiten)	23 %	22 %	22 % →	26 % ↗

Probleme entsandter Manager (nach G. Stahl 1998, S. 183)

takte unverändert von der Hälfte der Befragten als problematisch eingestuft werden, zum anderen dadurch, dass Stammhausbeziehungen und Reintegrationsängste in dieser Phase zu den dominierenden Problemklassen gezählt werden.

Damit spielt der Entsandte eine für ihn selbst sehr unbefriedigende und konfliktträchtige Rolle, da er vom Stammhaus kritisiert wird, weil er eventuell bereits zu stark die Position der Auslandsniederlassung einnimmt und zu wenig den Erwartungen der Zentrale entspricht. Dass letzteres z.B. aus klimatischen oder weltanschaulichen Gründen gar nicht funktionieren kann, wird im Stammhaus oft nicht akzeptiert. Vielmehr erfährt der Entsandte „Druck", den er dann zumindest bedingt an seine Mitarbeiter weitergeben muss (und sich damit aber andererseits auch Gastlandkontakte erschwert). Verschärft wird diese in sich schon widersprüchliche Situation dadurch, dass viele Entsandte nicht wissen, was auf sie nach der Rückkehr zukommt. Während der Entsandte im Ausland in der Regel ein höheres Gehalt bezieht und einen höheren sozialen Status genießt als in der Heimat, wird er bei seiner Rückkehr nicht nur auf sein Ursprungsgehalt zurückgestuft, sondern häufig ist ihm selbst noch zum Zeitpunkt der Rückkehr unbekannt, welche Position er künftig im Unternehmen bekleiden wird. Reintegrationsprogramme sollten daher sinnvoller Weise spätestens mit der Entsendung beginnen. Das Wissens- und Erfahrungspotential von Rückkehrern wird immer noch unterschätzt, obwohl moderne Technologien eine frühe Einbindung in das interkulturelle Wissensmanagement des Stammhauses oder in die interkulturelle Kompetenzentwicklung der nächsten Expatriat-Generation geradezu herausfordern. Web 2.0-Instrumente wie Social Media, Foren, Blogs etc. oder auch virtuelle Konferenzräume bieten unkomplizierte Möglichkeiten des Erfahrungsaustauschs.

Über die Kenntnis der eigentlichen Probleme hinaus ist es aufschlussreich, einen Blick darauf zu werfen, welche Problemlösungsstrategien von der zu betreuenden Zielgruppe häufig intuitiv gewählt werden und welche dieser Strategien sich als erfolgreich bzw. als kontraproduktiv erweisen. Dass interkulturelle Lernprogramme nicht nur erfolgreiche Strategien thematisieren, sondern gerade auch vor

Bewäl-tigungsform	Beispiel	Häufigkeit in %	Bewälti-gungserfolg*
Negativer Vergleich	„Im Vergleich zum Herkunftsland ist alles schlechter" ⇨ Ethnozentrismus	21 %	0,10
Duldung/ Akzeptanz	Unthematisiertes und resignatives Sich-Abfinden mit Gegebenheiten, die man eigentlich nicht akzeptiert	22 %	0,39
Identitätsbe-wahrung ohne Anpassungsbe-reitschaft	Man versucht den eigenen Standpunkt als vermeintlich grundsätzlich besseren durchzusetzen ⇨ Ethnozentrismus	25 %	0,59
Konfrontation	Aggressives Verdeutlichen von entgegen-gesetzten Standpunkten, bei dem Emotio-nalität gegenüber Sachlichkeit dominiert	13 %	0,92
Selbstent-lastung	Für Missverständnisse und negative Entwicklungen wird die fremde Situation verantwortlich gemacht ⇨ Fremdbeschuldigung	14 %	0,99

Die erfolglosesten interkulturellen Problembewältigungsstrategien (nach Stahl, 1998, S. 201)[12]

Bewältigungs-form	Beispiel	Häufigkeit in %	Bewälti-gungserfolg*
(Kultur-)Lernen	Beobachtungslernen; permanente in-terkulturelle Lernbereitschaft; Offenheit gegenüber dem Fremden	16 %	2,76
Organisations-maßnahmen	Fähigkeit zur Regeleinführung, zum realistischen Selbst- und Zeitmanagement	9 %	2,43
Beziehungs-aufbau	Kontakte knüpfen und auf andere zuge-hen können	18 %	2,38
Positiver Ver-gleich	Situationsaufwertungen vornehmen können; an fremden Erfahrungen das Positive sehen und schätzen lernen	24 %	2,22
Problemumbe-wertung	Probleme nicht übergewichten, sich nicht davon mitreißen lassen und versuchen, bewusst daraus zu lernen ⇨ Bagatellisie-ren ohne unkritisch zu nivellieren	36 %	2,20

Die erfolgreichsten interkulturellen Problembewältigungsstrategien (nach Stahl, 1998, S. 201)

*Mittelwert M = 0-4; erfolgreich: M > 2,0; uneinheitlich: M 1,0 – 1,99; erfolglos: M < 1,0;[13]

Augen führen sollten, warum bestimmte Strategien erfolglos sind, wird noch viel zu wenig bedacht. Die erwähnte Befragung deutscher Führungskräften zeigt beispielsweise, dass sich ausgerechnet die drei erfolglosesten Problemlösungsstrategien in der Gruppe der am häufigsten eingesetzten Bewältigungsformen wieder finden.

Umgekehrt zählen die nach Auskunft der befragten Führungskräfte erfolgreichsten Strategien zu den in der interkulturellen Praxis eher selten eingesetzten Problembewältigungsformen.

Zu den mit Abstand erfolgreichsten Strategien zählt – und dies dürfte nicht nur für Manager gelten – die Bereitschaft, sich mit der fremden Kultur nicht nur kognitiv auseinander zu setzen, sondern auch emotional, indem man sich auf den fremden Kontext „einlässt", das Neue beobachtet, ausprobiert und in sein eigenes Erfahrungsspektrum integriert. Die damit vorausgesetzte Flexibilität und Offenheit ist letztlich auch für die anderen aufgeführten und als erfolgreich bewerteten Strategien grundlegend. Dass Flexibilität nichts mit Planlosigkeit zu tun hat, sondern im Idealfall mit einem erheblichen Maß an Selbstdisziplin gekoppelt ist, zeigt die große Bedeutung, die der Durchführung von Organisationsmaßnahmen als positiver Strategie beigemessen wird.

5.2. Vorsicht Mythos: „Interkulturelle Kompetenz" ist keine eigenständige Handlungskompetenz!

Bei genauerer Betrachtung der für erfolgreiches interkulturelles Handeln wichtigen Teilkompetenzen fällt auf, dass sie teilweise in einem direkten Verweisungszusammenhang stehen (Rollendistanz mit Empathie, Synergiebewusstsein mit Flexibilität usw.). Weiterhin ist offensichtlich, dass nahezu alle Teilkompetenzen auch auf den Handlungserfolg in vertrauten Lebensweltkontexten Einfluss haben und insofern zumindest nicht als spezifisch interkulturelle Teilkompetenzen bezeichnet werden können. Ohne Einfühlungsvermögen, Rollendistanz oder Flexibilität würde man auch in gewohnten und in diesem Sinne „eigenen" Handlungsumgebungen sehr schnell anecken.

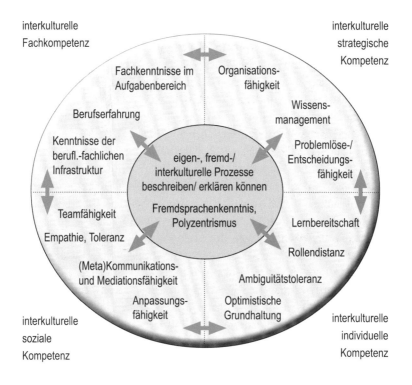

interkulturelle
Fachkompetenz

interkulturelle
strategische
Kompetenz

Fachkenntnisse im
Aufgabenbereich

Organisations-
fähigkeit

Berufserfahrung

Wissens-
management

Kenntnisse der
berufl.-fachlichen
Infrastruktur

eigen-, fremd-/
interkulturelle Prozesse
beschreiben/ erklären können

Problemlöse-/
Entscheidungs-
fähigkeit

Fremdsprachenkenntnis,
Polyzentrismus

Teamfähigkeit

Lernbereitschaft

Empathie, Toleranz

Rollendistanz

(Meta)Kommunikations-
und Mediationsfähigkeit

Ambiguitätstoleranz

Anpassungs-
fähigkeit

Optimistische
Grundhaltung

interkulturelle
soziale
Kompetenz

interkulturelle
individuelle
Kompetenz

Zu Recht stellt sich damit die Frage, ob es überhaupt eine eigenständige „interkulturelle Kompetenz" geben kann. Sehen wir uns sozial- und verhaltenswissenschaftliche Modelle zur Differenzierung von Handlungskompetenzen an, scheint die Antwort zunächst einmal negativ auszufallen. Gehen wir von der üblichen, beispielsweise bei der Erstellung von Lehrplänen verwendeten Einteilung einer Handlungskompetenz in (a) individuelle, (b) soziale, (c) fachliche und (d) strategische Teilkompetenzen aus, so lassen sich die Fertigkeiten und Fähigkeiten, die oben als Basis für erfolgreiches interkulturelles Handeln genannt wurden, fast alle problemlos einordnen. Übrig bleiben allenfalls Fremdsprachenkenntnisse, kulturspezifisches Wissen sowie die Fähigkeit, eigen-, fremd- und interkulturelle Prozesse sich selbst und anderen plausibel beschreiben und erklären zu können. Die Instrumente einer solchen Transferleistung (Empathie, Metakommunikationsfähigkeit, Fachkenntnisse etc.) sind allerdings wiederum in jenen Kompetenzbereichen zu finden, die erfolgreiches Handeln generell prägen. Vor diesem Hintergrund erscheint es in der Tat sinnvoll, interkulturelle Kompetenz nicht als einen eigenständigen Kompetenzbereich zu verstehen, sondern – in der Bedeutung von lat. competere: „zusammenbringen" – als Fähigkeit, individuelle, soziale, fachliche und strategische Teilkompetenzen in ihrer bestmöglichen Verknüpfung auf interkulturelle Handlungskontexte beziehen zu können. Unterschiedlich gegenüber eigenkultureller Handlungskompetenz ist dementsprechend die Realisation der einzelnen Teilkompetenzen in dem jeweiligen interkulturellen Umfeld. Es geht z.B. in einem Projekt der Entwicklungszusammenarbeit nicht einfach darum, eine landwirtschaftliche Maschine in ihrer Funktionsweise zu erklären, sondern darum, diese Erklärung in einer fremden Sprache, in anderen Sinnzusammenhängen und unter anderen Umweltbedingungen einer bestimmten „fremden" Zielgruppe so zu formulieren, dass die Maschine nicht etwa als unheimlicher, unplausibler o. ä. Gegenstand gemieden, sondern den Gegebenheiten entsprechend optimal eingesetzt wird.

Inwieweit die genannten Teilkompetenzen in interkulturellen Handlungszusammenhängen miteinander verknüpft sind, verdeutlicht das Fallbeispiel einer misslungenen interkulturellen Handlung:

Um die Verbindungen zum Präsidenten einer ausländischen Partnerfirma auf eine freundschaftliche, dauerhafte Basis zu stellen, beschloss ein junger Firmenrepräsentant, die Barriere der Förmlichkeit einzureißen, die noch nach vielen Monaten zwischen ihm und diesem einschüchternd würdevollen, älteren Herrn bestand. Auf einer Cocktailparty der Partnerfirma näherte er sich also dem Präsidenten, klopfte ihm jovial auf die Schulter, raffte seine spärlichen Fremdsprachenkenntnisse zusammen und sagte, für jedermann vernehmbar, so etwas wie: „Hey, schön Sie hier zu sehen, alter Bock." Der Präsident wurde aschfahl, verließ grußlos die Party und kündigte innerhalb der nächsten Tage die Zusammenarbeit mit der Firma auf.

Das Versagen des jungen Firmenrepräsentanten ist eindeutig: Es mangelt ihm offenkundig an Einfühlungsvermögen und Kommunikationsfähigkeit in Bezug auf den „Normalitätsrahmen" der ihm augenscheinlich unbekannten Handlungszusammenhänge des Gastlandes. Dies spricht nicht generell gegen seine soziale Handlungskompetenz, da sein Verhalten innerhalb seiner eigenen Lebenswelt vielleicht sogar als angemessen bewertet werden könnte. Es zeigt allerdings, dass ihm der Transfer seiner (eigenkulturellen) sozialen Handlungskompetenz auf interkulturelle Situationen nicht gelingt. In dieser Transferleistung, die eigen- und fremdkulturelles Wissen ebenso einbezieht wie beispielsweise vorangegangene interkulturelle Erfahrungen, besteht folglich auch der qualitative Unterschied zwischen sozialer Handlungskompetenz und interkultureller sozialer Handlungskompetenz. In gleicher Weise unterscheiden sich dann auch interkulturelle Selbstkompetenz, interkulturelle fachliche Kompetenz und interkulturelle strategische Kompetenz von ihren „eigen" kulturellen Entsprechungen dadurch, dass sie Transferleistungen auf interkulturelle Handlungskontexte beinhalten.

Zusammenfassend können wir dementsprechend interkulturelle Kompetenz als das ganzheitlich-angemessene Zusammenspiel von individuellem, sozialem, fachlichem und strategischem Handeln in Kontexten definieren, deren Regeln uns überwiegend nicht oder nur bedingt plausibel sind. Interkulturell kompetent sind diejenigen, denen es gelingt, diese Regeln nicht nur zu verstehen, sondern gemeinsam mit ihren Handlungspartnern Regeln „auszuhandeln", die allen Beteiligten plausibel erscheinen. Gelingt dies, können – meist auf dem Weg der Konventionalisierung – eigenständige Plausibilitäts- und Normalitätsregeln entstehen: Interkulturalität generiert in diesem Fall Kulturalität. Umgekehrt: Sind die Positionen zum Beispiel unter religösen oder ethischen Aspekten nicht verhandelbar und sind Perspektiven für ein gemeinsames interkulturelles Handeln nicht ersichtlich, kann interkulturelle Kompetenz durchaus auch darin bestehen, „nein" zu sagen – allerdings unter der Maßgabe, es zu einem späteren Zeitpunkt erneut zu versuchen.

5.3. Methoden, Inhalte und Übungsstypen für interkulturelle Trainings

Gesteuerte Formen der interkulturellen Kompetenzentwicklung sind gegenwärtig außer in Hochschulen, Schulen und der Jugendarbeit insbesondere in Politik und Wirtschaft zu finden. Hier geht es im Rahmen der Personalentwicklung in der Regel darum, Führungs- und Nachwuchskräfte aus Unternehmen und dem diplomatischen Dienst sowie Facharbeiter und Mitarbeiter der Entwicklungszusammenarbeit auf Auslandsentsendungen oder auf Tätigkeiten in internationalen Teams vorzubereiten.

Zu diesen Zwecken eingesetzte interkulturelle Trainings sind – wie jedes Lehr-/Lernsetting – in hohem Maße kontext – und damit kulturspezifisch: In Abhängigkeit (a) vom jeweiligen Lernziel, (b) vom Lerninhalt, (c) von den Zielgruppen und (d) dem aktuellen Lehr-/Lernkontext wird man auf unterschiedliche Trainingsmethoden und Übungstypen zurückgreifen. Ändert sich beispielsweise die Zielgruppe von Auszubildenden zu Top-Managern, wird sich das auf die anderen drei Bedingungsfaktoren der Trainingserstellung und -praxis entsprechend auswirken. Gleiches gilt, wenn Trainees mit unterschiedlichen Lernstilen sozialisiert sind oder wenn z.B. seitens einer Personalabteilung Lernzielvorgaben verändert werden.

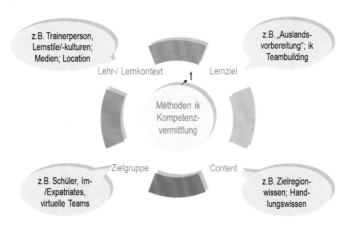

Trainings- und Lehrsituationen sind aus der Sicht von Lehrenden meistens dadurch charakterisiert, dass Lernziele, Lehr-/Lernumgebungen und Zielgruppen vorgegeben sind und man aus dieser Konstellation heraus passfähige Trainings- bzw. Lehr-/Lerninhalte und –methoden auswählen muss. Eine erste Orientierung bietet hierfür eine Methodenlandkarte. Die zugrunde liegende Matrix setzt sich aus den beiden Achsen „Content/ Lerninhalt" und „Methoden" zusammen:

Unter Contentaspekten lassen sich im Wesentlichen drei Gegenstandsbereiche unterscheiden:

- kulturunspezifische Lerninhalte: Der Bezug auf konkrete, reale, kulturelle Kontexte fehlt hier oder dient lediglich zur Veranschaulichung, um z.B. Grundlagen des Handelns in fremden Umgebungen erklären zu können.
- kulturspezifische Lerninhalte: Im Mittelpunkt der inhaltlichen Arbeit stehen konkrete Kulturen und Kulturvergleiche (z.B. Länder, Unternehmen etc.).
- interkulturelle Lerninhalte: Kern des Gegenstandsbereichs ist hier der interkulturelle Prozess.

Auf der Methodenebene bietet sich ebenfalls die Einteilung in ein eher grobes Raster an, um Spielraum für die unzähligen kulturspezifischen Methodenrealisierungen (und Kombinations- bzw. Überlappungsformen) zu wahren. Unterschieden werden können hier:

- Distributive/instruktive Ansätze mit einer eher lehrzentrierten Orientierung: Wissen wird „verteilt".
- Interaktive Methoden mit einer stärkeren Betonung des Lernprozesses und der Teilnehmerinteraktion.
- Kollaboratives Lernen auf der Basis offener, projektorientierter und nicht auf Laborsituationen beschränkter Lehr-/Lernszenarien. Steuerungsanteile sind aus der Lehrperspektive eher gering; die Aufgabe besteht in der Moderation von Lernprozessen, die in konstruktivistischem Sinn weitgehend eigendynamisch verlaufen.

Führt man Lerninhalts- und Methodenbereiche in einer Matrix zusammen, erschließen sich Lehrziele, die für aktuelle Programme interkultureller Kompetenzvermittlung als gängig angesehen werden können:

Realisiert werden die Ziele mittels einer Vielfalt von Aufgaben- und Übungstypen zum interkulturellen Lernen, wobei die meisten bislang aus dem euro-amerikanischen Raum stammen.

Dem konkreten Trainings-/Lehrsetting entsprechend lässt sich auf diese Weise aus der Methodenlandkarte erschließen, welche Trainingsziele, sich mit welchen Methoden, Lerninhalten und Trainings- bzw. Übungstypen am besten umsetzen lassen. Die nachstehende Übersicht ist exemplarisch, wobei sich in Bezug auf die Methodenpraxis durchaus Überlappungen ergeben können: Beispielsweise kann man Culture Assimilator Übungen auf der Grundlage sowohl instruktiver als auch interaktionsorientierter Methoden durchführen.

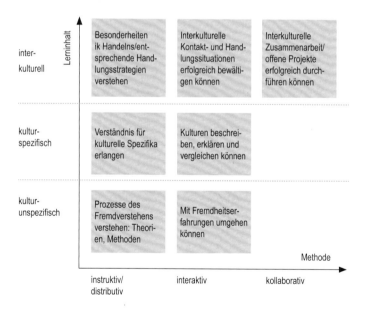

Je nach Zielgruppe und den spezifischen Kontexten ihrer Bildungsentwicklung (Lernstilsozialisation) lässt sich mit Hilfe der Matrix in passfähiger Weise auf eine konkrete Gruppe von Lernern kultursensibel reagieren. Darüber hinaus bietet sie sich an, im Sinne eines offenen Pools weitere Aufgabenbeispiele und Methodenspezifikationen – vor allem auch nicht-westlicher Provenienz – zu lokalisieren. Auf dieser Grundlage ist es möglich, den methodischen Spielraum z.B. bei heterogenen Teilnehmergruppen besser zu identifizieren und bi- oder mehrkulturellen Trainerteams eine konkrete Basis bereitzustellen, um gemeinsam ein im engen Wortsinn „interkulturelles" Methodenrepertoire zu erarbeiten.

Im Folgenden werden einige der in der Methodenlandkarte aufgeführten Trainingstypen kurz beschrieben:

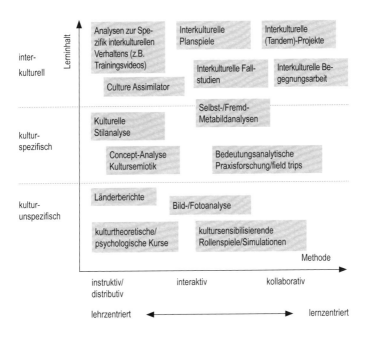

Übungs- und Aufgabentypen im Bereich der interkulturellen Kompetenzentwicklung.

5.3.1. Kulturunspezifische Übungen

Kultur unspezifische Trainings bezwecken eine eher allgemeine Sensibilisierung für die Besonderheiten, Chancen und Probleme interkulturellen Handelns. Sie sind vor allem für solche Zielgruppen geeignet, die noch keine umfangreichen interkulturellen Erfahrungen haben sammeln können.

5.3.1.1. Instruktive/distributive Trainingsformen zur allgemeinen interkulturellen Sensibilisierung

Hierbei handelt es sich weniger um Trainings in konventionellem Sinn als vielmehr um Vortragsreihen oder Seminare, in denen Begriffe wie z.B. „Kultur", „Fremdheit" oder „Interkulturalität" thematisiert werden. Weitere häufig bearbeitete Themen sind: „Images, Stereotype und Vorurteile"; „Ethnozentrismus"; „Umgang mit Feindbildern", "Kulturspezifik von Wahrnehmungsprozessen"; „Schematheorie" , „Kulturschock". Die eingesetzten Lehrformen sind meist instruktiv, wobei gerade in jüngerer Zeit zahlreiche Filmmaterialien wie z.B. thematisch einschlägige Videocasts (→ You Tube) erschienen sind, die sich auch gut als Gegenstand von Diskussionen oder kleineren Workshops eignen.

Positiv: Hoher kognitiver Lerneffekt in Bezug auf das Verständnis der wesentlichen Merkmale interkultureller Kommunikationsprozesse.
Negativ: Gefahr eines für manche Zielgruppen zu akademischen bzw. abstrakten thematischen Zugangs.

5.3.1.2. Erfahrungsorientiertes Training zur allgemeinen interkulturellen Sensibilisierung

Zu den in interkulturellen Trainings am häufigsten eingesetzten Übungstypen zur allgemeinen Kultursensibilisierung zählen

Simulationen und Rollenspiele. Methodisch interaktiv ausgerichtet, besteht ihr Ziel darin, Fremdheit erfahrbar zu machen, indem Zusammenhänge konstruiert werden, die aus Teilnehmersicht jedweder Vertrautheit entbehren und Normalitätserwartungen unerfüllt lassen. Das Simulationsspiel „Bafa-Bafa", ein Klassiker auf diesem Gebiet, hat inzwischen eine Reihe ähnlich konzipierter Nachfolger gefunden, die im Wesentlichen alle nach dem gleichen antipodischen Grundschema aufgebaut sind: Die Trainingsteilnehmer werden in zwei Gruppen eingeteilt, die fiktive und einander vollständig entgegengesetzte Kulturen repräsentieren:

Zwischen den Gruppen wird ein Handlungsrahmen inszeniert, innerhalb dessen die eine Gruppe der anderen beispielsweise etwas verkaufen, sie von einem Standpunkt überzeugen oder sie zu einer bestimmten Handlung veranlassen soll. Die Teilnehmer erhalten Rollenkarten, auf denen die Merkmale und Verhaltensweisen der eigenen Kultur detailliert beschrieben sind. In Bezug auf die Mitspieler-Kultur werden nur sehr vage Hinweise gegeben. Nach einer angemessenen Vorbereitungszeit innerhalb der eigenen Gruppe beginnt die in diesem Rollenspiel-Sinn „interkulturelle" Handlung.

Missverständnisse sind aufgrund der entgegengesetzten Rollenvorgaben vorprogrammiert, sodass die Hauptaufgabe darin besteht, auf Besonderheiten der anderen Kultur zu schließen, einen gemeinsamen Handlungsraum auszuhandeln, Metakommunikation zu praktizieren und gegebenenfalls auftretende Missverständnisse zu reparieren. Analysen von Videoaufzeichnungen tragen dazu bei, die Beteiligten in die Lage zu versetzen, ihr Verhalten in derartigen Situationen zu beobachten und sich die spezifischen Anforderungen an erfolgreiches interkulturelles Handeln bewusst zu machen.

Während dieses Anforderungsspektrum in komplexen und zeitintensiven Simulationsspielen wie „Bafa-Bafa", „Barnga", oder „Ecotonos" relativ breit gefächert ist, konzentrieren sich andere Übungen auf das Training einzelner Teilkompetenzen wie Rollendistanz, Ambiguitätstoleranz oder die Fähigkeit zur Korrektur von Verhaltenserwartungen. Die Strukturmuster, denen die

Konzeptionen solcher eher punktuellen Übungen folgen, sind sehr ähnlich.

Beispielhaft sei an dieser Stelle ein Trainingsmodul angeführt, das vor allem der Verbesserung der interkulturellen Empathiefähigkeit dienen soll. Die Teilnehmer werden wiederum in zwei Gruppen aufgeteilt und müssen eine der beschriebenen Rollen übernehmen:

A. Sie gehören zu einer Gruppe von Lisanern, die als Touristen durch das Land Janisa reisen. Unglücklicherweise haben Sie Ihr gesamtes Geld verloren und befinden sich etwa 30 Meilen von Ihrem Hotel entfernt in einem abgelegenen Dorf an einer Bushaltestelle. Andere Verkehrsmittel (Züge, PKWs etc.) gibt es nicht, sodass Sie darauf angewiesen sind, ein Busticket zu kaufen. Ihre Aufgabe besteht darin, janisäische Einwohner, die sich in der Nähe der Bushaltestelle aufhalten, darum zu bitten, Ihnen Geld für den Kauf der Tickets zu geben oder zu leihen. Leider sprechen Sie kein Janisäisch.

B. Sie sind Einwohner des abgelegenen Dorfes Suski im Land Janisa. Sie halten sich an einer Bushaltestelle auf und erzählen sich die Neuigkeiten des Tages, als eine Gruppe Fremder kommt und Sie anscheinend um etwas bitten möchte. Leider sprechen die Fremden nicht Ihre Sprache. Als Janisäer sind Sie zwar grundsätzlich sehr hilfsbereit. Fremden gegenüber verhalten Sie sich allerdings eher scheu und zurückhaltend. Insbesondere dann, wenn Fremde laut sprechend auf Sie zukommen, rücken Sie noch enger zusammen und sprechen noch leiser als dies normalerweise schon der Fall ist. Sie schotten sich solange ab, bis die anderen ebenfalls sehr leise sprechen und ihre Körperdistanz verringern.

„Gewonnen" haben die Touristen, wenn sie innerhalb eines festgesetzten Zeitrahmens (ca. 10 Minuten) die Verhaltensregeln der Janisäer erkennen und in der Lage sind, so zu reagieren, dass Sie das Geld für die Bustickets geschenkt oder geliehen

Kultur A („Gapalachen")	Kultur B („Cybolaner")
Traditionelle Gesellschaft	Moderne und technologieorientierte Gesellschaft
Handwerker	Dienstleister/Händler
Patriarchat	Matriarchat
beziehungsorientiert	sachorientiert
Gemeinschaftsstreben	Konkurrenz der Individuen untereinander
Begrüßung per Handschlag; während Gesprächen werden die Hände des Gesprächspartners festgehalten	Begrüßung, indem man die Ohren des Partners anfasst; ansonsten denkbar größte Körperdistanz

bekommen. Die Steuerung von Verhalten und Verhaltenserwartungen geschieht mit Hilfe einer „Anker-Lexik" in den Rollenbeschreibungen: Hinweise auf die Entfernungsangabe „Meilen" oder die Lautgestalt der Sprachbezeichnung „Janisäisch" wecken bestimmte Assoziationen und prägen mit einer bildlichen Vorstellung des fiktiven Kontextes auch das Verhalten der Teilnehmer. Eine solche „Anker-Lexik" ist beliebig auswechselbar, so dass für derartige Übungen mit geringem Aufwand komplett veränderte Handlungszusammenhänge erzeugt werden können.

Positiv: Allgemeine Rahmenbedingungen interkulturellen Handelns (Fremdheitserfahrungen, fehlgeleitete Verhaltenserwartungen etc.) werden inszeniert und erfahrbar.

Negativ: Aufgrund der fiktiven Kontexte werden die Spiele häufig nicht ernst genommen, was dazu führen kann, dass die Verantwortung für Misserfolge nicht eingesehen oder übernommen wird („In Wirklichkeit hätte ich mich anders verhalten"). Sofern die „exotischen" Kulturen so konstruiert sind, dass sie Bezüge zu tatsächlich existierenden Kulturen nahe legen, kann es zu unbeabsichtigten Vorurteilsverstärkungen kommen.

5.3.2. Kulturspezifische Trainings

Kulturspezifische Trainings zielen auf kognitive und erfahrungs-
bezogene Auseinandersetzungen mit konkreten Zielkulturen. Sie
sind vor allem für solche Zielgruppen geeignet, die für eine Entsendung oder die Arbeit in einem internationalen Team ausge-
wählt sind und vorbereitet werden sollen.

Länderspezifische Trainingsmodule, die mit instruktiven bzw.
distributiven Methoden realisiert werden, zählen zu den besonders häufig angebotenen Bausteinen zielkultureller Trainings. Sie
beziehen sich vorwiegend auf Darstellungen von Alltagskultur,
beruflichem Leben, Wertewandel, Geschichte etc. einer bestimmten Landeskultur, oder auf einen Vergleich ausgewählter ziel- und
eigenkultureller Merkmale. (Als Präsentationsformen werden
zumeist Seminare, Workshops oder Vortragsveranstaltungen
gewählt.)

Nach wie vor sehr großer Beliebtheit erfreuen sich im Bereich
der instruktiven Methoden länderkundliche Veranstaltungen.
Ziel ist es, einen ersten Eindruck von einem Land oder einer
Region als künftigem Reiseziel oder Arbeitsort zu gewinnen.
Gut beraten ist hierbei, wer sich auf die Vielfalt seines Gegen-
standsbereiches einlässt, ohne den Blick für das Ganze zu verlieren. Spätestens bei dem Aufenthalt vor Ort wird man bemerken,
dass generalisierende Aussagen über eine Kultur nicht möglich
sind, dass es vielleicht dominierende Kulturmerkmale gibt, die
aber immer von facettenreichen Gegensätzen umgeben sind und
widerlegt werden können.

Weniger geeignet scheinen daher zielkulturelle Trainings, die
diese Vielfalt nivellieren, indem sie versuchen, Landeskulturen
auf der Grundlage empirisch ermittelter Durchschnittswerte als
homogene Einheiten darzustellen. Hierzu zählen insbesondere
die in der Nachfolge von Geert Hofstede entwickelten Kulturdi-
mensionen-Trainings. Hofstede hatte in den Sechzigerjahren des
vergangenen Jahrhunderts in über 50 Ländern der Welt (auf der
Grundlage umfangreicher Befragungen von IBM-Mitarbeitern)
länderspezifische Ausprägungen von vier Kulturdimensionen

ermittelt. Die Dimensionen waren im Sinne der westlichen zweiwertigen Logik jeweils bipolar strukturiert: individualistisch – kollektivistisch, männlich – weiblich, machtorientiert – gleichheitsorientiert, unsicherheitsvermeidend – risikobewusst. Die aus den Interviews ermittelten Durchschnittswerte dienten dazu, Länderkulturen über Koordinatensysteme bestimmen zu können: Mexiko weist z.B. in der Kategorie „Individualismus" einen Indexwert von 31 (gering) auf, während die USA einen Wert von 91 (hoch) erreichen.

Auch wenn Hofstede sein Kategoriensystem bis 2011 noch um zwei weitere Dimensionen ergänzt hat und wenn vergleichbare Untersuchungen wie die Arbeiten von F. Trompenaars oder die Globe Studie inzwischen auf erweiterte und aktuellere Daten zurückgreifen lassen: Die Ergebnisse verleiten zu unzulässigen Generalisierungen. Die damit verbundene Komplexitätsreduktion mag für Trainer und Trainees angenehm sein, weil sie den ersten Kontakt mit einer Kultur „vereinfacht". Hinweise darauf, dass „in Wirklichkeit" alles viel differenzierter aussieht, bergen allerdings ein erhebliches Maß an Hilflosigkeit: Denn nichts prägt sich so schnell (und nachhaltig) ein wie „einfache" Modelle, und jeder Trainer, der auf diese Weise vorgeht, muss sich der Tatsache bewusst sein, dass er gegebenenfalls Stereotype schafft, wo bislang noch keine waren. Und das dürfte aus berufsethischer Sicht zu den gravierendsten Verstößen einer interkulturellen Trainingspraxis zählen.

Um dies zu vermeiden, bietet es sich an, zielkulturelle Szenarien in ihrer – durchaus widersprüchlichen – Vielfalt und in ihren kontroversen Dynamiken zu präsentieren. Foto- und Videodokumentationen sind hierfür genauso geeignet wie Erkundungen mit Google Street View, Beschreibungen der Alltagskultur aus unterschiedlichen Blickwinkeln und mit unterschiedlichen Gegenstandsbereichen oder die Dokumentation aktueller gesellschaftlicher Kontroversen, wie sie häufig sehr pointiert in Leserbriefen von Zeitungen ausgetragen werden. Wer auf diesem Weg des „Heranzoomens" an eine Kultur die Erfahrung gemacht hat, dass deren Einheit gerade in ihrer Vielfalt besteht, wird in deutlich geringerem Maß der Gefahr von Stereotypenbildungen erliegen als derjenige, der eine Kultur über Generalisierungen, also aus der Perspektive des „Wegzoomens" kennenlernt.

Um allerdings auch nicht orientierungslos in der Vielfalt der Mikroperspektiven zu versinken, bieten sich – für einen zweiten Schritt – mesoperspektivische Übungstypen an, die den Blick eher auf Gemeinsamkeiten und Verbindendes innerhalb einer Kultur lenken.

Rege-lungstyp	Geregelt durch:	Kollektive Verbindlichkeit/ Konventionalisierungsgrad
Kann	‚junge' Konventionen, kontextspezifi-sche „ungeschriebene" Übereinkünfte, situativ vereinbarte Regeln (z.B. Verhalten bei Begrüßungen)	gering, individuell verhandelbar (kontextabhängig)
Soll	Maximen, Leitlinien, „Stile", tradierte soziale Konventionen, Rituale etc.	
Muss	Normen, Gesetze, Ge-/ Verbote, natürliche Umweltbedingungen etc.	hoch, formal festgeschrieben (generalisierbar)

Als Orientierung kann hier das Sandberg-Prinzip dienen, bei dem zwischen drei Regelungstypen bzw. drei Graden kollektiver Verbindlichkeit unterschieden wird: den Muss-, Soll- und Kann-Regeln einer Lebenswelt.

Kann-Regeln zeichnen sich durch ihre Vielfalt und geringe Gesamtverbindlichkeit aus: Hierzu zählen beispielsweise Begrüßungskonventionen oder Modetrends, die in jedem Fall sehr kontextspezifisch praktiziert werden und eventuell nach kurzer Zeit vergessen sind. Sie sind vergleichbar mit dem Flugsand auf der Oberfläche eines Sandbergs. Gelingt es jedoch derartige Konventionen zu verstetigen und ihre Verbindlichkeit für die Gesamtgruppe zu erhöhen, können sie den Stellenwert von Soll-Regeln erlangen: Gruppenübergreifend akzeptierte Kommunikationsregeln, soziale Verhaltenskonventionen oder auch Unternehmensleitlinien begründen einen Handlungsrahmen, der unterschiedliche Gruppen eint, weil er meist über einen langen Zeitraum hinweg als „normal" und „plausibel" bestätigt worden ist und überhaupt erst

Routinehandeln in einem größeren Zusammenhang ermöglicht. Diese Schicht des Sandbergs ist entsprechend verdichtet und tragfähig, so dass sie sich gegenüber Veränderungen wesentlich widerstandsfähiger erweist als die Ebene der Kann-Regeln. Erhöht sich die Verbindlichkeit noch weiter, ist – als Fundament des Sandbergs – die Ebene der Muss-Regeln erreicht. Hierzu zählen vor allem Gesetze und verpflichtend geltende Handlungsregeln. Je länger sie praktiziert werden, desto verdichteter ist ihre Relevanz, so wie sich das Fundament eines Sandbergs auch als die Ebene mit der höchsten Konstanz erweist.

Interessant ist es, vor dem Hintergrund dieses Sandberg-Prinzips den Regeln auf die Spur zu kommen, die das Handlungsfundament einer Kultur bestimmen. Damit sind nicht „Dos und Taboos" gemeint, deren Kontextbezogenheit als sehr hoch eingestuft werden muss, sondern eher über lange Zeit hinweg tradierte moralische Normen oder auch Gesetzesregelungen. Interessant werden diese Muss-Regeln vor allem im Moment ihrer Thematisierung: Komplexere kulturelle Dynamiken erschließen sich insbesondere dann, wenn lange Zeit unhinterfragt geltende Regeln in Frage gestellt und diskutiert werden. Ein Beispiel in vielen westlichen Ländern sind hierfür Diskussionen über die Legitimität der gleichgeschlechtlichen Ehe. Verfolgt man entsprechende Diskurse oder auch z.B. Gesetzesänderungen über einen längeren Zeitraum hinweg, hat man gute Chancen, Zugänge zum Verständnis komplexerer kultureller Zusammenhänge zu finden.

In ähnlicher Weise können dies kommunikative Stilanalysen leisten – etwa im Rahmen eines diachronen Vergleichs inhaltlicher und formaler Aspekte der Leitsätze eines Unternehmens über mehrere Jahrzehnte hinweg. Oder im synchronen Vergleich von Webauftritten desselben Unternehmens in verschiedenen Ländern, wo sich – gerade bei vermeintlich standardisiert arbeitenden globalen Unternehmen – immer die Frage nach den Gründen für die unterschiedliche Gestaltung stellt (siehe Ford-Websites).

Ein Unternehmen – zwei Auftritte, Ford-Deutschland und Ford-Japan

Ebenfalls kultursemiotisch ausgerichtet sind Trainingstypen, die unter dem Titel „Concept Analyse" durchgeführt werden und die sich gut für Kulturvergleiche eignen: Trainingsteilnehmer werden gebeten, innerhalb kürzester Zeit 5 Assoziationen zu einem bestimmten Begriff wie „Kooperation", „Familie" o. ä. zu notieren. Je unterschiedlicher die Sozialisationswege der Teilnehmer sind, desto vielfältiger werden auch die Schemata bzw. Gedankenkonzepte sein, die durch die Nennung eines solchen Begriffs wachgerufen werden. So kann es sein, dass eine Gruppe mit dem englischen Wort „water" in erster Linie „life", „essential", „thirst" assoziiert, während eine andere eher an „relaxed", „waterfall" oder „swimming pool" denkt. Die Thematisierung dieser unterschiedlichen Konzepte macht bewusst, dass identische Begriffe bei Kommunikationspartnern durchaus sehr unterschiedliche Sachverhalte wachrufen. Dies ist eine der wichtigsten Grundlagen zur Vermeidung oder Korrektur interkultureller Missverständnisse. Als Nebeneffekt wird aber auch deutlich, dass der verbreitete Glaube an die einende Kraft des Englischen bzw. jeder anderen lingua franca trügerisch sein kann.

Zu den besonders häufig verwendeten interaktiven Übungstypen zählt in zielkulturellen Trainings die bedeutungsanalytische Praxisforschung. Sie wird vor Ort, z.B. im Rahmen von mehrtägigen „Look-and-See-Trips" in der Umgebung des künftigen Arbeits- und Lebensumfelds oder auch im Rahmen von Schulpartnerschaften durchgeführt. Typische Aufgaben können beispielsweise darin bestehen, zielkulturelles Alltagshandeln an bestimmten Orten für eine oder mehrere Stunden intensiv zu beobachten und diese Beobachtungen zu notieren, um sie im Training zu diskutieren (Freizeitverhalten jüngerer / älterer Frauen im Park, Beziehungen Käufer-Verkäufer auf einem Markt, Gottesdienste unterschiedlicher Religionsgemeinschaften etc.).

Positiv: Ein tiefer gehendes Verständnis in Bezug auf die Entwicklung eines konkreten zielkulturellen Handlungsfelds wird dann erreicht, wenn es in seiner Vielfalt und Widersprüchlichkeit gezeigt wird und wenn als kulturspezifisch erkannte Regelorientierungen in ihren historischen Entwicklungszusammenhängen erklärt werden.

Negativ Ein lediglich deskriptives und faktenorientiertes oder an „Kulturdimensionen" orientiertes Vorgehen führt zu kulturellem Rezeptwissen und leistet Stereotypisierungen Vorschub.

5.3.3. Interkulturelle Trainings

Zu den im deutschsprachigen Raum am weitesten verbreiteten Trainingstypen mit interkultureller Thematik zählen Culture-Assimilator-Übungen. Sie beginnen wie im folgenden Beispiel mit der Darstellung einer kritischen Interaktionssituation („critical incident"), die zwischen Angehörigen unterschiedlicher Kulturen aufgetreten ist.

Herr M. ist Deutscher und arbeitet im Bereich Rechnungswesen eines großen deutschen Automobilkonzerns in Spanien. Häufig hat er Probleme zu delegieren. Er weiß, dass die Anforderungen, die er an seine Mitarbeiter stellt, hoch sind, und gerade deshalb steht er jederzeit für Auskünfte und Ratschläge zur Verfügung. Umso mehr wundert es ihn, dass die spanischen Mitarbeiter seine Anweisungen zumeist ohne große Vorbehalte akzeptieren und ihm auch kaum Fragen zu den Aufgaben stellen. Das Arbeitsergebnis entspricht allerdings häufig nicht seinen Erwartungen. Herr M. ist sich sicher, dass durch Nachfragen bei ihm die auftretenden Fehler größtenteils vermeidbar wären. Er versteht nicht, dass ihn die Spanier fast nie um Ratschläge oder Erklärungen bitten.

Die Aufgabe besteht bei einer Culture-Assimilator-Übung darin, Gründe für das Verhalten der spanischen Mitarbeiter zu finden, um auf diese Weise zu einem tiefer gehenden Verständnis der Situation zu gelangen. Zu diesem Zweck werden alternative Erklärungen angeboten, von denen diejenige auszuwählen ist, die am plausibelsten erscheint:

Wieso richten Ihrer Meinung nach die Spanier so wenig Fragen an Herrn M.?

 a) Fragen gegenüber Vorgesetzten werden in Spanien nicht als konstruktiv angesehen, sodass spanische Angestellte ein nachfragen nicht gewohnt sind.

 b) Fragen werden nur zwischen Mitarbeitern gleichen Ranges gestellt.

 c) Nachfragen bedeutet, den Dialog mit dem Chef zu suchen, was von den Kollegen als „sich profilieren wollen" gedeutet und missbilligt wird.

 d) Die Spanier warten ab, bis sich noch mehr Fragen ergeben, die dann gebündelt gestellt werden.

Der eigentliche Lerneffekt besteht darin, dass die Erklärungsalternativen nachfolgend begründet werden, wobei dann zumeist auch kulturhistorische Entwicklungen und Zusammenhänge thematisiert werden können. Bei den meisten Culture-Assimilator-Übungen kommt allerdings gerade dieser Teil zu kurz. Ausgehend von dem Einzelfall eines bestimmten Deutschen in einer bestimmten spanischen Arbeitsumgebung mit einer individuenspezifischen Beziehung zu spanischen Kollegen wird hier eine Generalisierung in Hinblick auf „die" Spanier vorgenommen. Selbst wenn dies bedingt legitim sein mag, weil derartige Fälle in deutsch-spanischen Beziehungen statistisch besonders häufig auftreten, muss eine deutsch-spanische Interaktion keineswegs so verlaufen. Abgesehen davon, dass suggeriert wird, interkulturelle Kontakte würden per se problematisch verlaufen. Bei derartigen Übungen ist die Gefahr sehr groß, dass Verhaltenserwartungen geschaffen und Stereotype untermauert werden, die es eigentlich abzubauen gilt. In diesem Sinne sollten Culture-

Assimilator-Übungen nur unter Hinweis auf die Einmaligkeit und Nicht-Übertragbarkeit des dargestellten „critical incident" durchgeführt werden.

Zunehmend größer geworden ist das Angebot an interkulturellen Trainingsfilmen. Sie dienen in erster Linie der Veranschaulichung, bilden gleichzeitig aber auch gute Gesprächsanlässe für Diskussionen zu Spezifika intra- und interkulturellen Handelns. Als ein grobes Orientierungsmerkmal zur Qualitätsbestimmung derartiger Filme kann ihre inhaltliche Vielfalt dienen: Je differenzierter und vielfältiger die dargestellten Themen sind, desto weniger werden sie zu einer Stereotypenbildungen Anlass geben.

Im Verbund mit Presseberichten, Unternehmensdarstellungen etc. können authentische Filmdokumentationen zu konkreten Fällen der interkulturellen Zusammenarbeit (z.B. „Fusionsstories" wie DaimlerChrysler) weiterhin ausgezeichnetes Ausgangsmaterial für die Erstellung von Fallstudien darstellen. Unter methodischen Gesichtspunkten erfreut sich die Fallstudienbearbeitung auch deshalb zunehmender Beliebtheit, weil sie ein gruppenorientiertes und realitätsnahes Lernen ermöglicht, dessen Komplexitätsgrad wiederum leicht über die Ausgestaltung der Fallstudie steuerbar ist.

Einen Schritt weiter gehen auf Fallstudien aufbauende interkulturelle Planspiele. Sie sind methodisch interaktiv orientiert, womit Interkulturalität nicht nur thematisiert, sondern gleichzeitig auch praktiziert wird. Das konzeptionelle Muster besteht darin, dass Teams unterschiedlicher kultureller Herkunft einen bestimmten Fall gemeinsam bearbeiten und damit natürlich auch interagieren müssen. Dies setzt selbstverständlich voraus, dass jeder Teilnehmer sich selbst spielt und nicht eine fremde kulturelle Rolle annimmt (was unweigerlich auf Stereotypenbildungen hinauslaufen würde).

Das Planspiel „InterAct" geht beispielsweise von einer Fallstudie aus dem Textilbereich aus, demzufolge der Weltmarkt für Jogging-Anzüge durch starke Unternehmenskonzentrationen geprägt ist: Langfristig werden sich nur diejenigen Unternehmen behaupten können, die international kooperieren. Ein Beispiel hierfür ist das in der Grafik mit E/F bezeichnete Joint-Venture, das aufgrund einer solchen Zusammenarbeit für erhebliche Umsatzeinbußen der einzeln agierenden Unternehmen A, B, C und D gesorgt hat. Das Ziel der letztgenannten Unternehmen muss folglich darin bestehen, mit Hilfe von Kooperationen Marktanteile zurück zu gewinnen. An dieser Stelle setzt das sowohl betriebswirtschaftlich als auch interkulturell konzipierte Planspiel ein.

Die Unternehmen A–D werden durch Teilnehmer aus jeweils unterschiedlichen Kulturen repräsentiert, sodass beispielsweise ein deutsches, ein französisches, ein russisches und ein britisches (oder auch ein multikulturelles) Team versuchen müssen, dem computersimulierten Joint Venture E/F Marktanteile abzunehmen. Neben mehrsprachigen Kooperationsverhandlungen besteht das Planspielszenario aus zahlreichen Aufgaben, wie etwa der Erstellung von gemeinsamen Werbestrategien und Unternehmensgrundsätzen oder auch der Anforderung, konkrete Marktentscheidungen in Hinblick darauf zu treffen, wie viel auf den einzelnen Märkten zu welchem Preis abgesetzt werden soll.

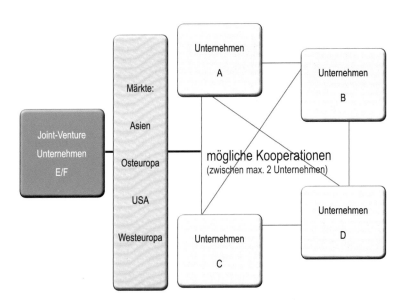

Die Vorteile eines solchen interaktiven Planspiels bestehen darin, dass interkulturelle Handlungsfähigkeit im beschriebenen Zusammenspiel von individueller, sozialer, strategischer und fachlicher Kompetenz unter Beweis gestellt werden muss. Auf diese Weise wird der faktisch ganzheitliche Charakter interkulturellen Handelns in einem für Trainings off-the-job optimalen Maß realisiert. Die Effizienz derartiger Trainings ist auch deshalb sehr hoch, weil sie zumindest indirekt auch zu einer Verbesserung der fremdsprachlichen Kompetenz beitragen.

Bislang existieren erst sehr wenige solcher interkulturellen Planspiele, aber es ist zu erwarten, dass sie sich in den kommenden Jahren durchsetzen dürften. Offenkundig ist auf jeden Fall, dass sie dem dynamischen und ganzheitlichen-integrativen Charakter dessen, was wir als „interkulturelle Handlungsfähigkeit" bezeichnet haben, am nächsten kommen.

Positiv: Unter der Voraussetzung, dass die Trainings multikulturell besetzt sind, können authentische interkulturelle Erfahrungen vermittelt und – bei Planspielen – in die tatsächlichen Handlungskontexte der Teilnehmer integriert werden.

Negativ: Die Konzeption und Durchführung interkultureller Planspiele ist aufwendig und zeitintensiver als dies bei punktuell einsetzbaren Trainingsmodulen der Fall ist.

Die Grenze zwischen „Learning by interacting" und „Learning by collaboration" ist fließend und daher schwer bestimmbar: Kollaborative Methoden schließen interaktive Ansätze ein, öffnen dabei aber die Lernszenarien hin zu größerer Lernerverantwortung, Lernerinitiative und Prozesshaftigkeit. Auf der anderen Seite vermindert sich mit der Strukturierbarkeit des Lernprozesses auch die Steuerungskapazität der Lehrenden. Lernen ist deutlich weniger contentfixiert und transzendiert Laborkontexte bzw. semiauthentische Lernumgebungen zu Gunsten von Aktivitäten im realen (interkulturellen) „Feld": Interkulturelles wird nicht nur im geschützten (Labor)Raum experimentell zugänglich gemacht, es wird vielmehr zum Kern selbstverantwortlicher Praxiserfahrung. Insofern handelt es sich bei den Lerninhalten auch in erster Linie um die interkulturellen Erfahrungen der Lernenden im Rahmen ihrer interkulturellen Zusammenarbeit.

Was aus methodologischer Sicht Schlagworte wie „Open education" oder „informelles Lernen" assoziieren lässt, steht nicht nur in einem engen Zusammenhang mit der vollzogenen Etablierung des „Web 2.0", sondern wäre – vor allem im Bereich des interkulturellen Lernens – ohne diese Entwicklung auch nur schwer denkbar. Bezogen auf die interkulturelle Kompetenzvermittlung bietet das internetunterstützte kollaborative Lernen die vielfältigsten und authentischsten Möglichkeiten, weil Interkulturalität von den Beteiligten hier als realer und selbstkonstruierter Prozess erfahrbar wird: Sie generieren in ihrer Zusammenarbeit eine authentische „Interkultur", die nur noch am Rande durch Laborbedingungen oder die Regie von Lehrenden gesteuert ist.

Charakterisiert ist kollaboratives E-Learning durch veränderte Formen der Nutzung bereits vorhandener E-Learning-"tools". In digitaler Form neu arrangierte Mediennutzungsmöglichkeiten zielen auf die Einbindung des (vormals eher rezeptiven) Nutzers in Interaktions- bzw Kooperationsgemeinschaften bzw. „Communities" und „Social Networks". Gefordert ist dabei die Bereitschaft des Einzelnen, mit anderen Usern zusammenzuarbeiten und selbst als Impulsgeber aktiv zu werden – sei es beim kooperativen Verfassen von Wikis´, als Mitwirkender beim Social, als Experte und Moderator in virtuellen Welten wie „Second Life" (http://www.slideshare.net/mrueckel/lernen-in-second-life/) oder als Akteur in grenzüberschreitend durchgeführten interkulturellen Projekten (http://www.etwinning.de/).

In allen Fällen geht es darum, individuelles Wissen bzw. Erfahrungen mit anderen zu teilen und gemeinsame Szenarien zu schaffen, um selbst davon zu profitieren. Die Bezeichnung „Social Software" erscheint vor diesem Hintergrund durchaus zutreffend: Sie signalisiert die Bereitschaft zu offenem und synergieorientiertem Handeln.

Aktuelle Modelle internetgestützten Lernens reagieren auf die neuen Nutzungsmöglichkeiten des Web 2.0 mit der Bezeichnung „E-Learning 2.0". Sie tragen vor allem der zunehmenden Wertschätzung von informellen Ansätzen zur Kooperation und Kollaboration in Gruppen Rechnung. Diese „Communities" zeichnen sich dadurch aus, dass sie spontan und selbst organisiert agieren. Dem Arbeiten mit vorgegebenen Contents steht hier informelles, selbstinitiatives Lernen gleichberechtigt zur Seite. Die Lernenden avancieren aufgrund ihrer kollaborativen Vernetzung zu Wissensproduzenten und Wissensmanagern und übernehmen damit zumindest partiell selbst die Steuerung ihres Lernprozesses. Lehrende sind folglich auch weniger als „Trainer" denn als Tutor, Coach oder Moderator gefragt: Sie nehmen als kooperierende Mitspieler des „Social Web" die Rolle von Lernpartnern ein, deren Wissensvorsprung zwar gerne, aber keinesfalls unhinterfragt akzeptiert wird.

Für interkulturelles Lernen bietet ein in diesem Sinn „offenes" Lernszenario vor allem zwei zentrale Vorteile: Bezogen auf die Inhaltsebene verbessert es die Zugänglichkeit von Lern- bzw. Trainingsmaterialien und schafft einen grenzüberschreitend nutzbaren Pool von „Open Educational Resources". In Hinblick auf die Ebene des Lernprozesses trägt es entscheidend dazu bei, dass interkulturelle Zusammenarbeit unabhängig von face-to-face-Kontexten generiert werden kann – ein Sachverhalt, der gerade in monokulturellen Präsenzlernumgebungen von größter Bedeutung ist. Interkulturalität lässt sich in dieser internetvermittelten Zusammenarbeit (z.B. via virtual classroom) als authentisch erfahren, obwohl die Präsenz-Lernumgebung selbst nicht multikulturell geprägt ist.

Eine solche synchrone interkulturelle Zusammenarbeit von Lernergruppen in verschiedenen Ländern unter Einschluss von Zeitverschiebung und ggf. Mehrsprachigkeit ermöglicht internetbasierte interkulturelle Planspiele, in denen die Teilnehmer über eine Lernplattform, einen Virtual Classroom mit Whiteboard, Chat und Webcam weltweit miteinander verbunden sind und gemeinsam an inhaltlich offenen Projekten arbeiten. Ein Beispiel hierfür ist das E-Unternehmensplanspiel „InterCulture 2.0" (www.intercultural-campus.org).

Trainings dieser Art kommen insbesondere den Ansprüchen multiinternational agierender Unternehmen und Institutionen entgegen, können aber ebenso gut im Rahmen internationaler Schulpartnerschaften eingesetzt werden. Aufgrund ihrer Komplexität stellen sie allerdings sehr hohe Anforderungen an die Trainer und setzen zudem eine sehr gute Medienausstattung von Anbietern und Abnehmern voraus.

5.3.4. Lerneinheiten erstellen: Die didaktische Spirale

Sammlungen mit kulturspezifischen oder interkulturellen Übungen – sei es in Printform oder im Internet – sind in den seltensten Fällen didaktisch aufbereitet. Oft fehlen die Angaben zum Design der Übung (Zielgruppe, Lernziel, Dauer etc.); noch häufiger fehlen jedoch Hinweise darauf, wie eine Übung im Trainingskontext eingeführt und wie ein möglichst hoher Lerneffekt erzielt werden kann.

Ein Grund für die Beschränkung auf den inhaltlichen Kern von Übungen besteht darin, dass sie auf diese Weise in unterschiedlichsten Kontexten einsetzbar sind, während jede Didaktisierung auch zu einer gewissen Festlegung des Kontextes führt, in dem die Übung eingesetzt wird. Dies dokumentiert sich letztlich auch in dem Unterschied zwischen den zahlreichen steinbruchartig-variablen **Materialiensammlungen** und den eher raren didaktisch ausgearbeiteten **Trainingskompendien**.

So legitim bei Publikationen eine Beschränkung auf den Materialkern dementsprechend auch sein mag, um potenziell viele Zielgruppen anzusprechen: für die konkrete Trainingspraxis ist es unerlässlich eine Übung kontextuell so einzubinden, dass sie:

- eine **klar definierte Funktion innerhalb der übergreifenden Lernzielformulierung** wahrnimmt (Nie Aufgaben um ihrer selbst willen durchführen oder „weil sie immer durchgeführt werden"!)
- **an die Vorkenntnisse der Teilnehmer anknüpft** – nur so gelingt Lernmotivation

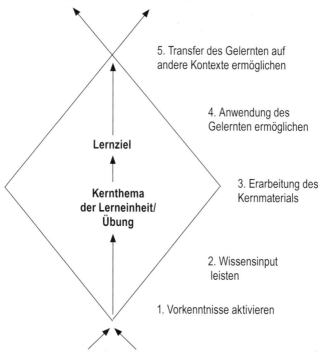

nachfolgende Lernschritte/Übungen

5. Transfer des Gelernten auf
andere Kontexte ermöglichen

4. Anwendung des
Gelernten ermöglichen

Lernziel

**Kernthema
der Lerneinheit/
Übung**

3. Erarbeitung des
Kernmaterials

2. Wissensinput
leisten

1. Vorkenntnisse aktivieren

vorhergehende Lernschritte/Übungen

- für die Teilnehmer einen erkennbaren **Mehrwert an Wissen
  und/oder Erfahrungen** enthält – sonst wird leicht Lange-
  weile empfunden
- ausdrücklich nicht nur **an vorhergehende Lernschritte
  anknüpft**, sondern auch **nachfolgende Lernschritte bzw.
  Anwendungsszenarien vorbereitet.**

Gut visualisierbar ist dieser Gesamtzusammenhang im Bild
einer Raute. Die Raute ist gleichzusetzen mit einer beliebig
umfangreichen Lerneinheit, die ihrerseits an vorangegangene
Lerneinheiten anschließt und darüber hinaus weitere Lern-
prozesse initiiert. Jede Lerneinheit bzw. „Raute" sollte dabei –

Stufe	Lehrprozess: Aufgabe des Trainers:	Realisiert durch Übungsformen wie z.B.	Lernprozess: Intendierte Wirkung auf Seiten des Trainees
1	an Vorkenntnisse anknüpfen; auf das Thema hinleiten	Brainstorming, offene Fragen, Mind Map erstellen, Quiz, Assoziogramm	Reaktivierung des Vorwissens, der Vorerfahrungen zum Themenbereich; Einstieg in das Thema finden
2	Input neuer Wissensbestände/ Erfahrungen, die für die Themenbearbeitung notwendig sind	Materialsammlung via Internetrecherche, Filme, Kurzvortrag, Kontexterklärungen (z.B. zu Spielen), Spiele/Simulationen durchführen	zielgerichtete Erweiterung des Vorwissens/der Vorerfahrungen
3	Bearbeitung einer Kernübung zum Themenfocus; Realisierung der kognitiven Anforderung des Lernziels	problemorientierte Gruppendiskussion, Videoanalyse, Fallanalyse, Auswertung eines Rollenspiels o.ä	„Verstehen" der Problemstellung/des Themas und ggf. der Problemlösungswege
4	Umsetzung/Anwendung der erworbenen Kenntnisse/ Fähigkeiten in vergleichbaren Zusammenhängen wie denen der Kernübung; Wissensüberprüfung	multiple-choice-Übungen, Kritische Zusammenfassung von Sachverhalten/ Ergebnissen, Lösungen zu vorgegebenem Problem erarbeiten, Anwendung des Gelernten in einem Planspiel	mit erworbenen Kenntnissen und Fähigkeiten unter Anleitung experimentieren können
5	Transfer der erworbenen Kenntnisse/Fähigkeiten auf andere Zusammenhänge als auf die gelernten	eigenes Fallbeispiel finden/formulieren, Projektauftrag selbstständig durchführen	erworbene Kenntnisse/ Fähigkeiten in anderen Zusammenhängen als in den gelernten selbstständig anwenden können

abgestimmt auf konkrete Zielgruppen- und Lernzielvorgaben – aufeinander aufbauende Lehr-/Lernstufen umfassen:

Beispiele für Übungsformen, die auf den einzelnen Stufen eingesetzt werden können, entsprechen vielfach dem, was auch aus den Fachdidaktiken bekannt ist:

Wie eine einzelne Übung im Sinne des Rautenmodells didaktisch strukturierbar ist, so gilt gleiches auch für eine komplexe Fallstudie, für eine Trainingssequenz mit mehreren Übungen und nicht zuletzt für ein gesamtes Training: Bildlich gesprochen werden hier viele „kleine" Rauten innerhalb einer übergreifenden Raute miteinander verkettet. Da die einzelnen Rauten i.S. von Lernsequenzen aufeinander aufbauen, vollzieht sich der Lernprozess insgesamt i. S. einer fortschreitenden Spiralbewegung. Im Rahmen einer solchen „didaktischen Spirale", werden zahlreiche „kleine Rauten" durchlaufen und gleichzeitig miteinander zu einem progressiven Lernprozess verknüpft.

5.3.5. Interkulturelle Kompetenzentwicklung on the job: Interkulturelles Coaching

Vor dem Hintergrund, dass mit zunehmender Internationalisierungsgeschwindigkeit auch Personalentscheidungen immer schneller getroffen werden müssen, bleibt häufig zu wenig Zeit, um interkulturelle Weiterbildungsmaßnahmen im Sinne intensiver off-the-job-Trainings durchzuführen. Hinzu kommt, dass sich der Anteil längerfristig entsandter Mitarbeiter (mit Auslandswohnsitz) seit der Jahrtausendwende deutlich reduziert hat: Bei den 50 größten deutschen Unternehmen beträgt er gegenwärtig nur noch 0,5% bis maximal 1%, so dass internationale Kontakte in deutlich größerem Ausmaß als früher „ambulant" stattfinden – sei es virtuell oder im Rahmen von Kurzzeitentsendungen. Wesentliche Ursachen liegen im steigenden Anteil von Direktinvestitionen, in der raschen Entwicklung von Transport- und Kommunikationstechnologien sowie in der zunehmenden Bedeutung virtueller Kooperationen. Dies bestätigt das Ergebnis einer aktuellen Umfrage der „WirtschaftsWoche" unter 193 börsennotierten deutschen Unternehmen. Demzufolge gilt z. B. für DAX-Unternehmen, dass sie durchschnittlich nur noch 26% ihres Umsatzes in Deutschland erwirtschaften und lediglich 47% ihrer Mitarbeiter in Deutschland beschäftigen.[14] Die Auslandsbeschäftigten stammen überwiegend aus dem Ziel- oder einem Drittland. Im Zusammenhang mit dieser Entwicklung lässt sich eine insgesamt wachsende Abneigung von Nachwuchsführungskräften gegenüber langfristigen Auslandseinsätzen feststellen. Bezeichnend ist der bildungsbedingt zunehmende Anteil von dual-career-Partnerschaften, die eine Rolle als „mit ausreisende Begleitperson" inzwischen vielfach als inadäquat erscheinen lassen. Nur folgerichtig ist daher die stark zunehmende Zahl der Pendler und Vielflieger. Aus diesem Grund zeichnet sich zumindest im Wirtschaftsbereich derzeit eine Schwerpunktverschiebung von Trainings off the job zu Personalentwicklungsmaßnahmen on the job ab. Damit verbunden ist eine stärkere Akzentuierung von interkulturellem Coaching. Die Notwendigkeit interkultureller Trainings off-the-job entfällt damit freilich nicht. Vor Entsendungen oder als Personalentwicklungsmaßnahmen im Gefolge interkultureller Assessment-Center werden derartige Trainings in all ihren Variationen auch künftig Berechtigung besitzen. In diesem Sinne sind on-the-job-Maßnahmen wie interkulturelles Coaching nicht als Ersatz, sondern als Ergänzung und damit als Mehrwert zu verstehen.

Die Aufgaben eines Coaches bzw. eines Mediators bestehen darin, „vor Ort" internationale Teams zu begleiten und ihnen entweder Hilfestellungen hinsichtlich der Optimierung ihrer gemeinsamen Tätigkeit zu geben bzw. in Konfliktfällen zu vermitteln. Der Coach fungiert hierbei eher als Supervisor, der Mediator als Konfliktmanager.

„Coaching" (von coach: „Kutsche") wurde 1848 in England erstmals als Bezeichnung eines privaten Tutors für Studenten gebraucht. 1885 erfolgte i.S. der „individuellen Betreuung" eine Übertragung auf den Bereich des Spitzensports. Heute wird „coaching" im Englischen allgemein im Sinne des Unterweisens,

offene Konflikte	**Mediator** als Konfliktmanager;kann Trainings empfehlen	*Methoden u.a.:* Konflikt thematisieren und mit den Beteiligten erläutern: ggf. Videoanalyse; ggf. kulturelle Ursachen thematisieren und verständlich machen
latente/ unbewusste Missverständnisse	**Coach** als Metakommunikator, Supervisior, Moderator und bei Konflikten als Mediator; kann Trainings empfehlen	*Methoden u.a.:* Interaktionsbegleitung, Kommunikationsanalyse, Interaktionsbeschreibung (Video), Analyse durch Team, ggf. Thematisierung und Erläuterung der Missverständnisse
Synergienfindung	**Coach** als Moderator und Fachexperte. Er setzt ggf. die Vorschläge eines Consultants mit dem Team in die Praxis um	*Methoden u.a.:* individuelle Stärke-Schwächen-Analyse in Bezug auf interkulturelle Handlungskompetenz; mit den Teammitgliedern Zielvereinbarungen für künftige Interaktionen (Synergiepotenziale) benennen

Positionierung des interkulturellen Mediators/Coachs in on-the-job-Kontexten

Anleitens und Beratens verwendet. Im Deutschen bezeichnet man mit „Coaching" entweder einen entwicklungsorientierten Führungsstil oder aber eher allgemein die individuelle Beratung von Teammitgliedern und Projektverantwortlichen.

Interkulturelles Coaching bezieht sich dementsprechend sowohl auf die individuelle Beratung/Betreuung von Einzelpersonen, die in interkulturelle Prozesse involviert sind als auch auf die interkulturelle Beratung, Begleitung und Entwicklung multikultureller Teams. Im Gegensatz zu interkulturellem Training ist es primär auf on-the-job-Prozesse konzentriert. Die Dynamik derartiger Prozesse gestaltet die Konzeption eines Coachings erheblich schwieriger als es bei einem in seinem Verlauf weitgehend absehbaren und damit planbaren Training der Fall ist.

Typologien existieren für ein Coaching ebenso wenig wie der Schutz einer Laborsituation. Der Coach ist vielmehr darauf angewiesen, Handlungen z.b. eines Cochees oder eines internationalen Teams in ihrer spontanen und realen Dynamik zu beobachten und zu analysieren, um auf dieser Grundlage mit den Teammitgliedern Zielvereinbarungen für ein künftig ggf. effizienteres Verhalten zu entwickeln.

Viel stärker noch als es bei einem interkulturellen Trainer der Fall ist, gilt für einen Coach daher, dass er – von der eigenen interkulturellen Kompetenz abgesehen – neutral und sachorientiert arbeiten muss und dass er selbst mögliche Wege einer Optimierung des interkulturellen Handlungskontextes lediglich öffnen, nicht aber vorgeben darf. Er sollte im besten Sinne des Wortes als Moderator fungieren, nicht aber eigene Wertungen vornehmen. Kurz: seine Aufgabe besteht darin, mit den Teammitgliedern die Formulierung gemeinsamer Zielvereinbarungen zu moderieren, die künftig handlungsleitend sein sollen. Dies kann – je nach Analyseergebnis – eher die Formulierung von Regeln zur Konfliktprävention betreffen, es kann aber auch z.b. stärker auf eine Bennennung von Synergiezielen und deren Realisierungsschritte hinauslaufen. Denkbar ist auch, dass der Coach gemeinsam mit den Coachees Empfehlungen für spezielle und weiterführende Personalentwicklungsmaßnahmen (z. B. interkulturelle Trainings) formuliert.

Möglichkeiten einer kontinuierlichen Weiterführung von Präsenz-Coachings bieten „E-Coachings": Sie ermöglichen via Virtual Classroom oder Skype-Konferenz den Meinungs- und Erfahrungsaustausch mit dem Coach auch vor Ort in „brenzligen" Situationen der Entsendung oder der interkulturellen Teamarbeit. Darüber hinaus bieten Lernplattformen den Coachees mittels Lernmodulen, Foren zum Erfahrungsaustausch und E-Bibliotheken Informationen über das Zielland oder Wissenswertes zu Fragen der interkulturellen Zusammenarbeit.

5.4. Thesen zum interkulturellen Lernen in der Schule

Interkulturelles Lernen ist bislang eine Domäne des tertiären Bildungsbereiches. Dies wird sich vor dem Hintergrund der Intensivierung von Angeboten zum lebensbegleitenden Lernen vermutlich auch in nächster Zukunft nicht ändern. Andererseits ist jedoch vor dem Hintergrund der immer dringlicher werdenden Migrations- und Globalisierungsprobleme offenkundig, dass interkulturelles Lernen nicht auf autodidaktischen Schienen verlaufen darf.

Benötigt werden folglich qualifizierte Aus- und Weiterbildner, die gelernt haben, mit Problemen wie „Fremdheit", „Ausländerfeindlichkeit" etc. umzugehen.

Über punktuelle Fort- und Weiterbildungsprogramme für Pädagogen, Entwicklungshelfer und Führungs- und Nachwuchskräfte der Wirtschaft hinaus bestehen umfassendere Ausbildungsangebote in Deutschland erst seit den späten achtziger bzw. den frühen neunziger Jahren. Entsprechende Impulse gingen von universitären Fächergründungen wie „Interkultureller Pädagogik", „Interkultureller Kommunikationswissenschaft", „Interkultureller Psychologie", „Interkultureller Wirtschaftskommunikation" usw. aus. Auf diese Weise konnten sich Wissenschaftsdisziplinen etablieren, die inzwischen vielfach eigenständige Ausbildungsgänge entwickelt und zur Profilierung neuer Berufsbilder in der internationalen Zusammenarbeit beigetragen haben. Die Lehrerausbildung hat in den genannten Studienangeboten bislang unmittelbar keine Berücksichtigung gefunden, da es sich hierbei nicht um Lehramts-, sondern um Bachelor- und Masterstudiengänge handelt.

In den von der Kultusministerkonferenz ausgesprochenen „Empfehlungen zur Interkulturellen Bildung und Erziehung in der Schule"[15] ist die Lehrerausbildung in einem eigenständigen Lehramtsfach – zu Recht, wie wir sehen werden – nicht vorgesehen. Gefordert wird vielmehr die „Einbindung des interkulturellen Aspekts in die zweite Phase der Lehrerausbildung und in die Lehrerfortbildung, u. a. durch eine Verstärkung schulnaher und schulinterner Fortbildung."[16] Wie eine solche Einbindung organisatorisch und inhaltlich erfolgen kann, ist bislang allerdings noch nicht in zufriedenstellender Weise geklärt.

Aus gutem Grund heißt es in der zitierten Empfehlung der Kultusministerkonferenz unter Bezugnahme auf die Umsetzung interkultureller Lernprogramme: „Der interkulturelle Aspekt ist dabei nicht in einzelnen Themen, Fächern oder Projekten zu isolieren, sondern eine Querschnittsaufgabe in der Schule."[17]

Wie interkulturelles Lernen in der Schule im Sinne einer solchen „Querschnittsaufgabe" realisiert werden kann und welche Konsequenzen für den Bereich der Lehreraus- und -fortbildung denkbar sind, soll im Folgenden kurz skizziert werden. Die Darstellung erfolgt in pointierter thesenartiger Form, um so auch zum Nachdenken und Diskutieren anzuregen:

1. „Interkulturelle Kompetenz" ist kein Schulfach!
Die zitierte Empfehlung der Kultusministerkonferenz, interkulturelles Lernen als „Querschnittsaufgabe" in der Schule zu verstehen, schließt die Einführung von „Interkultureller Kommunikation" zumindest als Schulfach aus. Gleiches gilt auch für eine Reduktion interkultureller Lerninhalte auf ein einzelnes, bereits bestehendes Fach wie etwa den Ethikunterricht. Ein wesentlicher Grund für die Notwendigkeit der Realisierung fächerübergreifender Ansätze liegt in der beschriebenen Uneigenständigkeit interkultureller Kompetenz. Denn wie wir gesehen haben (5.2), bezeichnet interkulturelle Kompetenz keine eigene Teilkompetenz oder „Schlüsselqualifikation" neben individueller, sozialer, fachlicher und strategischer Kompetenz, sondern die Fähigkeit, diese Teilkompetenzen und entsprechende Schlüsselqualifikationen ganzheitlich auf interkulturelle Handlungskontexte zu beziehen.

Wäre interkulturelle Kommunikation hingegen ein eigenes Schulfach, würde diese Fähigkeit preisgegeben. Interkulturelles Lernen liefe Gefahr, als Bestandteil fachlicher Kompetenz mehr oder minder isoliert neben anderen Fächern stehen und damit sein sowohl inter- als auch transdisziplinäres Potenzial zu verlieren.

2. Jedes Schulfach sollte interkulturelle Fragestellungen integrieren und sein eigenes inhaltliches Spektrum damit erweitern.

Wie jeder schulische Fachunterricht zumindest im idealen Fall immer auch individuelle, soziale und strategische Kompetenzen fördert, so ist dies in gleicher Weise auch in Hinblick auf interkulturelle Handlungsfähigkeit erstrebenswert. Für die einzelnen Fächer ist damit ein Perspektivenwechsel verbunden, der auch eine Internationalisierung der Bildungsinhalte bewirkt. So kann der Mathematikunterricht die Zahlensymbolik als Ausdruck bestimmter Weltsichten behandeln, im Deutschunterricht kann die Rezeption deutscher Literatur im Ausland eine entsprechende Rolle einnehmen, während sich im Fremdsprachenunterricht über alltagskulturelle und kulturhistorische Aspekte hinaus beispielsweise Fremdbilder in Bezug auf Deutschland oder spezifische interkulturelle Erfahrungen mit Deutschen thematisieren ließen.

Die Aufzählung ist um jedes beliebige Fach erweiterbar. Erste Zugänge zu entsprechenden interkulturellen Fachdidaktiken sind in den vergangenen Jahren – unter anderem auch über den Lernbereich „Globale Entwicklung" eröffnet worden.[18] Dies systematisch weiterzuführen, wird künftig zu den wichtigsten curricularen Aufgaben zählen.

3. Eine effektive Vermittlung interkultureller Handlungskompetenz in der Schule gelingt langfristig nur unter der Voraussetzung einer Überwindung von Fächergrenzen.

Ein immer wieder vorgebrachter Einwand gegen die Erweiterung des Schulunterrichts um interkulturelle Lerninhalte besteht in dem Hinweis auf die ohnehin rasant anwachsende Fülle des zu vermittelnden Unterrichtsstoffs. Platz für „noch mehr Inhalte" sei beim besten Willen nicht vorhanden.

Der Einwand ist insofern richtig, als derzeit tatsächlich eine inhaltliche Überfrachtung der einzelnen Fächer festzustellen ist. Hier liegt allerdings auch eine der wesentlichen Schwächen des gegenwärtigen Schulsystems, weil viele Synergiepotenziale sowohl des Lehrens als auch des Lernens aufgrund der mangelnden Kooperation der einzelnen Fächer verschenkt werden. Eine noch stärkere fächerübergreifende Zusammenarbeit würde nicht nur dazu führen, dass inhaltliche Doppelungen vermieden werden. Es würde auch die Lerneffizienz erhöhen, weil ein aus verschiedenen Perspektiven beleuchteter Sachverhalt besser verstanden und behalten wird. Wichtig ist, dass diese multi- und interdisziplinäre Perspektivierung nicht nur inhaltlich, sondern auch zeitlich koordiniert ist.

Eine Realisationsmöglichkeit besteht in der fächerübergreifenden Durchführung von Projektunterricht zu bestimmten Themengebieten: „Fremdheit" wäre beispielsweise ein solches Projektthema, das aus unterschiedlichsten Fächerperspektiven beleuchtet werden kann, und das gleichzeitig interkulturelle Lerninhalte einbezieht.

Da die Motivation zur Realisierung fächerübergreifender Unterrichtsformen in den Schulen derzeit trotz entsprechender Lehrplanvorgaben aus den verschiedensten Gründen nicht sonderlich hoch ist, könnte eine an diese Vermittlungsform gebundene Einführung interkultureller Lerninhalte grundsätzlich die Bereitschaft erhöhen, auf anderen Themenfeldern eine Kooperation zu suchen. Gleichzeitig wäre damit ein wichtiger Schritt von der zunehmend reduktionistischeren Spezialistenausbildung hin zu der bildungspolitisch immer stärker geforderten Generalistenausbildung vollzogen.

4. Eine nachhaltige Wirkung interkulturellen Lernens ist auch in der Schule ohne interkulturelle Praxis nicht denkbar.
Über die Vermittlung von interkulturellen Lerninhalten hinaus muss interkulturelle Lehre immer auch Möglichkeiten bereitstellen, selbst interkulturelle Erfahrungen zu sammeln. Was in Westdeutschland durch den höheren Anteil von Schülern mit Migrationshintergrund ohnehin als Rahmenbedingung schulischen Lernens gegeben ist, muss in den Neuen Bundesländern größtenteils auf anderem Weg geschaffen werden. Fest steht in jedem Fall, dass die Vermittlung interkultureller Kompetenz gerade an Jugendliche nicht allein auf theoretischem Weg gelingt.

Kulturelle Unterschiede, Fremdheitssituationen und interkulturelle Aushandlungsprozesse müssen selbst erfahren werden, um damit produktiv umgehen zu können.

Möglichkeiten, derartige Erfahrungen zu sammeln, werden traditionellerweise durch internationale Schulpartnerschaften geboten. Im Zeitalter des Web 2.0 der Internet-Kommunikation eröffnen sich allerdings auch neue Möglichkeiten wie beispielsweise länderübergreifende Projektarbeit oder gemeinsames Lernen in Virtual Classsrooms. Wesentlich ist hier vor allem die Erfahrung interkultureller Praxis, wozu auch zählt, dass Fremdsprachen in fachlichen Kontexten eingesetzt werden müssen.

5. Zu einem wichtigen Medium der Lehrerfortbildung im Bereich des Interkulturellen Lernens wird künftig das Internet zählen.
Wie bereits skizziert, ist – sinnvoller Weise – nicht davon auszugehen, dass interkulturelles Lernen in naher Zukunft als eigenständiges Fach im Rahmen der Lehrerausbildung angeboten wird. Wahrscheinlicher sind entsprechende Schwerpunktsetzungen im Bereich der Fachdidaktiken, die damit nicht nur eine inhaltliche Neubestimmung, sondern einen insgesamt deutlichen Innovationsschub erfahren dürften. In Lehrerfortbildungsmaßnahmen sowohl während der zweiten Phase der Lehrerausbildung als auch während der Berufstätigkeit wird man zwangsläufig sehr selektiv vorgehen und sich auf einige wenige Teilaspekte eines äußerst breit gefächerten inhaltlichen Spektrums beschränken müssen. Um sich dies vor Augen zu führen, braucht man nur daran zu denken, welche Unzahl von Möglichkeiten gleichberechtigt zur Auswahl stehen, wenn man beispielsweise den konventionellen Deutsch- oder Geschichtsunterricht um fremdkulturelle Perspektiven ergänzt. An Kanonbildungen ist hier kaum mehr zu denken, was erst recht gilt, wenn man sich um fächerübergreifendes Projektarbeiten bemüht. Vor diesem Hintergrund wird die Fähigkeit des Wissensmanagements genau so wichtig sein wie

das Wissen selbst: Es geht vor allem darum, Inhalte zu finden, die eine hohe Passfähigkeit in Bezug auf das – bei Projektarbeiten sehr flexible – Gesamtsystem des Unterrichtsprozesses aufweisen.

Ohne Rückgriffsmöglichkeiten auf entsprechende Datenbanken oder Internetrecherchen werden derartige Zielsetzungen kaum zu verwirklichen sein. Hinzu kommt, dass die interkulturelle Lern- und Kommunikationsforschung als relativ junge Wissenschaften in kurzer Zeit viel weitgreifendere Entwicklungen vollziehen als dies bei angestammten Wissenschaftsdisziplinen der Fall ist. Lehrerfortbildung in diesem Bereich wird daher ohne Computer vermutlich nur schwer in zufriedenstellender Weise realisiert werden können. Dies bedeutet freilich nicht, dass interkulturelles Lernen auch in der Schule durch Internetlernen ersetzt wird. Gerade im Bereich der interkulturellen Erziehung spielen Klassen- und Projektunterricht als Sozialformen eine Rolle, die durch interkulturelle Medienkontakte (Emailkontakte, Themenchats etc.) optimal ergänzt werden können.

6. Interkulturelle Handlungskompetenz ist im 21. Jahrhundert eine unerlässliche Voraussetzung für den Lehrerberuf.
Mag diese abschließende These auf den ersten Blick und aus der gegenwärtigen Situation heraus auch überzogen klingen, so spricht dennoch vieles dafür, dass sie in einigen Jahren als selbstverständliche Erfahrungstatsache gewertet wird. Dies betrifft nicht nur die multikulturelle Lehr- und Lernsituation. Eine mindestens genauso wichtige Rolle dürfte die Veränderung der Legitimationsgrundlagen und allgemeinen Zielformulierungen des Unterrichts spielen: Es geht künftig nicht mehr nur darum, Kinder und Jugendliche auf Lebens- und Berufswirklichkeiten im multikulturellen Umfeld „ihrer" Ethnie vorzubereiten, sondern darum, sie für das erfolgreiche Bewältigen von zunehmend interkulturellen Lebenszusammenhängen auch außerhalb ihrer eigenen Ethnie auszubilden (vgl. Kusche 2012, Over 2012).

5.5. Was heißt „Interkulturelle Kompetenz" (V)? Fünfte Zusammenfassung mit Empfehlungen zur interkulturellen Kompetenzentwicklung

• *Interkulturelle Kompetenz stellt keinen eigenständigen Kompetenzbereich dar, sondern ist im Sinne, von lat. competere: „zusammenbringen" am besten als Fähigkeit zu verstehen, individuelle, soziale, fachliche und strategische Teilkompetenzen in ihrer bestmöglichen Verknüpfung auf interkulturelle Handlungskontexte beziehen zu können. Interkulturelle Kompetenz ist dementsprechend keine Schlüsselqualifikation, sondern eine Querschnittsaufgabe, deren Gelingen das Zusammenspiel verschiedener Schlüsselqualifikationen voraussetzt.*

Sechzehnte Empfehlung: Schlüsselqualifikationen, die interkulturelles Handeln positiv beeinflussen, sollten nach Möglichkeit nicht selektiv oder gar einseitig, sondern ganzheitlich-integrativ vermittelt werden. Zentrale Schlüsselqualifikationen bzw. Teilkompetenzen, die es dabei zu berücksichtigen gilt, sind nachstehend zusammengefasst und kurz erläutert:

Ambiguitätstoleranz – Fähigkeit, das Spannungsverhältnis zwischen unvereinbaren Gegensätzen und Mehrdeutigkeiten „aushalten" zu können.

Akzeptanzgrenzen erkennen und Akzeptanzspielräume aushandeln zu können. In interkulturellen Kontexten geht es letztlich immer darum, einen „gemeinsamen Nenner" als Handlungsgrundlage auszuhandeln, der von allen Beteiligten akzeptiert wird. Wichtig ist es daher, die entsprechenden Akzeptanzgrenzen erkennen, formulieren und wahren zu können.

Dissensbewusstsein – Ein voreiliger oder zwanghaft herbeigeführter Konsens wirkt langfristig in der Regel negativ, weil er (kulturelle) Unterschiede nur verdeckt, aber nicht beseitigt. Unterschiedliche Positionen und Standpunkte bewusst zu halten, ist dementsprechend wichtig, um eine Akzeptanz aller Beteiligten herbeiführen zu können.

Empathie – Einfühlungsvermögen in Bezug auf die Befindlichkeiten und Denkweisen der fremdkulturellen Partner.

Flexibilität – Bereitschaft, Neues zu lernen, Denk- und Verhaltensschemata des primären Sozialisationssystems kritisch betrachten können; Fähigkeit, sich auf ungewohnte/fremde Situation schnell einstellen zu können, Spontanität.

Fremdsprachenkenntnis – Sprache und Kultur bedingen sich wechselseitig, so dass die Kenntnis der Zielkultursprache auch über den reinen Höflichkeitsgestus hinaus unverzichtbar ist, um die „fremde" Lebenswelt verstehen zu lernen.

Interkulturelle Lernbereitschaft – Bereitschaft, interkulturelle Situationen als Lernsituationen und nicht als Bedrohung oder notwendiges Übel betrachten. Dies sollte verknüpft sein mit einer Neugierde auf Fremdes.

Kommunikationsfähigkeit – Vermögen, kommunikativ auf andere zuzugehen, Beziehungen aufbauen und Kommunikationsnetzwerke errichten zu können. Dies gilt vor allem dann, wenn Situationen problematisch erscheinen und man sich am liebsten zurückziehen würde.

Kulturwissen – Wissen primär nicht über kulturelle Fakten und „Normen" als vielmehr über deren Hintergründe und die Systemzusammenhänge der eigenen und der fremden Lebenswelt.

Metakommunikation – Fähigkeit, über Kommunikationsprozesse zu kommunizieren oder: Probleme, die im interkulturellen Handeln auftreten mit allen Beteiligten früh genug und in angemessener Weise thematisieren können.

Oberflächen-/ und Tiefenstrukturen unterscheiden – Fähigkeit, kulturelle Unterschiede auch dann bewusst zu halten, wenn oberflächenstrukturell gemeinsame Zielvorstellungen verfolgt werden.

Polyzentrismus – Als Gegenteil von Ethnozentrismus: Der Versuch, interkulturelle Handlungszusammenhänge nicht vor dem Hintergrund primärer Sozialisationserfahrungen zu interpretieren; Anerkennen der Eigenständigkeit anderer Kulturen; Bereitschaft, kulturspezifische Wertungen zu relativieren.

Rollendistanz – Fähigkeit sich neben sich zu stellen, sich in seinem Handeln vergegenständlichen bzw. beobachten zu können.

Selbstdisziplin – Selbstkontrolliertes Verhalten praktizieren; Fähigkeit zu Selbstorganisation und Zeitmanagement ohne dies i.S. einer Erwartungshaltung auf andere Lebensweltzusammenhänge zu übertragen.

Synergiebewusstsein – Nicht an bestehenden Strukturen festhalten, sondern prozessorientiert handeln, Zufälligkeiten zulassen („kreatives Chaos") und die Entstehung von qualitativ Neuem, das weder für die eine noch für die andere Kultur „typisch" ist, befördern.

Thematisieren können – Unklare und eventuell missverständliche Situationen thematisieren können bzw. offen legen und das eigene Verhalten anderen erklären können. Überschreitungen von Akzeptanzgrenzen seitens anderer zunächst aus deren Perspektive verstehen und erklären suchen ohne dabei Selbstaufgabe zu betreiben.

- *Ganzheitlich-integrative Kompetenzvermittlung wird durch eine bewusste Didaktisierung von interkulturellen Lehrmaterialien unterstützt. In den seltensten Fällen liegen entsprechend ausgearbeitete Lerneinheiten vor. „Steinbruch"-Materialien wie Rollenspiele, Critical Incidents oder Fallbeispiele verleiten zu einer unausgewogenen und oftmals vernetzten Verteilung der Lerninhalte.*

Siebzehnte Empfehlung: Um bestmögliche und dementsprechend nachhaltige Lernerfolge erzielen zu können, bietet sich der Aufbau von Lerneinheiten nach Prozessgesichtspunkten wie z.B. denen der didaktischen Spirale an. Auf diese Weise wird einerseits der individuellen Lernkompetenz Rechnung getragen, andererseits besteht die Gewähr, dass erworbenes Wissen in eigenständigem Handeln erprobt, gefestigt und fortgeschrieben werden kann.

• *Interkulturelle Kompetenz wird je nach den primären Sozialisationskontexten der Beteiligten sehr unterschiedlich realisiert. Es handelt sich folglich nicht um eine universale, sondern um eine dezidiert kulturspezifische Kompetenz.*
Achtzehnte Empfehlung: Interkulturelle Kompetenzentwicklung kann nicht in standardisierter Form erfolgen. Daher sollte genau überprüft werden, in welchen Bereichen die eigenen Konzeptionen sinnvoll einsetzbar sind. Wenig Erfolg versprechend wäre es z. B., ein „westliches" Konzept ohne Anpassungen für interkulturelle Trainings in Zentralasien zu verwenden.

• *Eine systematische Entwicklung interkultureller Kompetenz erfolgt in der Regel entweder „off the job" als Unterricht bzw. Training oder „on the job" in Form von Coaching- und Mediationsmaßnahmen.*
Neunzehnte Empfehlung: Jeder, der als Lehrender mit interkultureller Kompetenzentwicklung befasst ist, sollte sich der Stärken und Schwächen seiner eigenen Persönlichkeit bewusst sein. Abgesehen von der eigenen fortgeschrittenen interkulturellen Kompetenzentwicklung sind die Anforderungen, die an Lehrende einerseits und an Coaches bzw. Mediatoren andererseits gestellt werden, deutlich voneinander unterschieden: Während erstere über die Fähigkeit zur Vermittlung (und damit in gewisser Weise auch zur Selbstinszenierung) verfügen sollten, zeichnen sich letztere durch das Vermögen aus, zuhören, moderieren und sich selbst zurücknehmen zu können.

• *Insbesondere in den Neuen Bundesländern ist aufgrund des geringen Ausländeranteils die Motivation eines Engagements in der interkulturellen Kompetenzentwicklung gering. Als Folge hiervon werden die entsprechend der Bedarfssituation ohnehin spärlichen Aus- und Weiterbildungsangebote zu wenig genutzt um Kontinuität schaffen zu können. Gerade dies wäre aber wichtig, um Fremdenfeindlichkeit und Rechtsextremismus nachhaltig bekämpfen zu können.*

Zwanzigste Empfehlung: Interkulturelle Kompetenzentwicklung ist vor allem im schulischen Bereich sowie in der Lehreraus- und Weiterbildung durch eine deutliche „Innenorientierung" in Hinblick auf die Migrantensituation innerhalb Deutschlands geprägt. In Ostdeutschland ist die Relevanz eines solchen Ansatzes nur schwer vermittelbar. Hier ist der Lehrende gut beraten, zusätzlich über Außenorientierungen (z. B. Vorbereitung auf spätere Tätigkeiten im Ausland oder in internationalen Teams) zu interkulturellem Lernen zu motivieren.

5.6. Zum Nach- und Weiterdenken

5.6.1. Aus dem Bericht eines deutschen Entsandten

Der folgende Kurzbericht beschreibt in einer authentischen Sichtweise, wie ein in eine Auslandsniederlassung entsandter deutscher Manager seine familiäre Situation in der ersten Zeit nach der Umsiedlung empfunden hat. Welche Maßnahmen würden Sie – vielleicht auch schon im Vorfeld – ergreifen, um dem Ehepartner den Einstieg in den Auslandsaufenthalt zu erleichtern?

> *Der Mann* – hat über die Firma ähnliche Verhältnisse wie in Deutschland und ist den ganzen Tag beschäftigt. Im Allgemeinen ist die Arbeitsbelastung sehr hoch (eher höher als in Deutschland), man hat weite Wege zu bewältigen und einen chaotischen Verkehr. Das sind aber keine grundsätzlichen Probleme.
>
> *Die Kinder* – gehen in die Schule und haben ein ähnliches Arbeitsumfeld wie in Deutschland. Es gilt im Prinzip das,

was auch für den Mann gilt. Kinder finden sich erfahrungsgemäß sehr schnell mit den Verhältnissen ab und haben
sehr schnell Freunde. Kinder machen erfahrungsgemäß
vor der Abreise die größeren Probleme, kommen dann
aber schnell gut zurecht. Mit der Sprache des Gastlandes
muss man sich bei Kindern auch keine Gedanken machen.
Nach einer gewissen Anfangszeit muss man eher dafür sorgen, dass die Kinder das Deutsch nicht vergessen und die
Fremdsprache nicht als einzige Sprache übernehmen.
Die Frau – Die Frauen tragen im Allgemeinen die Hauptbelas-
tung, weil sie weniger soziale Kontakte haben, weil sie weniger die Sprache des Gastlandes sprechen müssen. Frauen
haben objektiv wie subjektiv die größten Umstellungspro-
bleme.

5.6.2. Gestaltung interkultureller Lerninhalte für die Schule

Die nachstehende Auflistung von Lerninhalten ist dem Thüringer
Lehrplan für das Fach Ethik an 10. Klassen in Gymnasien entnom-
men. In der Lernzielbeschreibung wird dazu aufgefordert, dass sich
die Schüler „einzelne Themen des Stoffgebietes [...] fächerübergrei-
fend in Gruppen- und Projektarbeit" erarbeiten sollen.[19]

Wie könnten konkrete Aufgabenstellungen aussehen? Welche Materialgrundlage würde sich zur Bearbeitung der einzelnen
Themenstellungen anbieten? Welche fächerübergreifenden Projekte könnten begonnen werden? Bestehen Anknüpfungspunkte
zu Themen aus den Philologien, den Naturwissenschaften und
anderen Fachgebieten?

Inhalt	Hinweise
Lebenswirklichkeit in verschiedenen Kulturkreisen	• Denk- und Handlungsweisen der Menschen aus verschiedenen Kulturkreisen und ihre traditionellen und religiösen Hintergründe untersuchen
Multikulturalität, Identität und Toleranz	• Durchdringung der Kulturen als immanenten Bestandteil der Menschheitsgeschichte und ihre gegenwärtige Dimension erkennen • Verschiedene Interpretationen des Begriffs „multikulturell" diskutieren • Unterschied zwischen Fremdheit und Anderssein und deren Bedeutung für die eigene Identität reflektieren • Multikulturalität als Aufgabe zur Befähigung des Umganges mit Unterschieden begreifen • Gefahren durch Negation von Unterschieden bzw. deren Überwindung erkennen • Bezüge zwischen Toleranz und Pluralismus erörtern • Philosophische Ansätze zur Deutung von Toleranz diskutieren
Sind Menschenrechte universalisierbar?	• Kontroverse Argumentationen zum Anspruch der Allgemeingültigkeit der Menschenrechte kennen lernen und werten • Anhand aktueller Erscheinungsformen die Komplexität ethischer Probleme verstehen und nach Wegen für ein Miteinander suchen

Thüringer Kultusministerium, Lehrplan für das Gymnasium: Ethik, Klasse 10 („Zusammenleben in einer multikulturellen Gesellschaft"). Erfurt 1999, S. 56f

5.6.3. Interkulturelle Kompetenzentwicklung vor dem Hintergrund des Zuwanderungsgesetzes

Mit der Verabschiedung des Zuwanderungsgesetzes sind 2004 politische Strukturvorgaben formuliert worden, die auf Maßnahmen zur interkulturellen Kompetenzentwicklung einen nicht unerheblichen Einfluss haben werden. Welches Verständnis von „Multikulturalität" wird in § 43 des Zuwanderungsgesetzes realisiert, wenn Sie an unsere Überlegungen im 4. Kapitel denken?

Welche Lernziele lassen sich für interkulturelle Kursangebote formulieren, wenn wir den Vorgaben in § 43 folgen? Welche Möglichkeiten sehen Sie, um ganzheitlich integrative Lernmodelle implementieren zu können?

§ 43

Integrationskurs

(1) Die Integration von rechtmäßig auf Dauer im Bundesgebiet lebenden Ausländern in das wirtschaftliche, kulturelle und gesellschaftliche Leben in der Bundesrepublik Deutschland wird gefördert.

(2) Eingliederungsbemühungen von Ausländern werden durch ein Grundangebot zur Integration (Integrationskurs) unterstützt. Der Integrationskurs umfasst Angebote, die Ausländer an die Sprache, die Rechtsordnung, die Kultur und die Geschichte in Deutschland heranführen. Ausländer sollen dadurch mit den Lebensverhältnissen im Bundesgebiet so weit vertraut werden, dass sie ohne die Hilfe oder Vermittlung Dritter in allen Angelegenheiten des täglichen Lebens selbständig handeln können.

(3) Der Integrationskurs umfasst einen Basis- und einen Aufbausprachkurs von jeweils gleicher Dauer zur Erlangung ausreichender Sprachkenntnisse sowie einen Orientierungskurs zur Vermittlung von Kenntnissen der Rechtsordnung, der Kultur und der Geschichte in Deutschland. Die erfolgreiche Teilnahme wird durch eine vom Kursträger auszustellende Bescheinigung über den erfolgreich abgelegten Abschlusstest nachgewiesen. Der Integrationskurs wird vom Bundesamt für Migration und Flüchtlinge koordiniert und durchgeführt, das sich hierzu privater oder öffentlicher Träger bedienen kann. Für die Teilnahme am Integrationskurs sollen Kosten in angemessenem Umfang unter Berücksichtigung der Leistungsfähigkeit erhoben werden. Zur Zahlung ist auch derjenige verpflichtet, der dem Ausländer zur Gewährung des Lebensunterhalts verpflichtet ist.

(Bundesgesetzblatt, 5. August 2004)

6. Informationspool

Der Informationspool möchte zur Vertiefung der vermittelten Wissensinhalte, zum eigenen Weiterforschen und zum Kontaktaufbau mit interkulturell orientierten Institutionen anregen. Die nachstehend aufgeführten Daten und Internetadressen beziehen sich auf den Stand von April 2012.

6.1. Literaturhinweise

6.1.1. Allgemeine Einführungen und übergreifende Darstellungen

Auernheimer, Georg: Interkulturelle Kompetenz und pädagogische Professionalität. Opladen 2003

Barmeyer, C. / Genkova, P. / Scheffer, J. (Hg.): Interkulturelle Kommunikation und Kulturwissenschaft. Grundbegriffe, Wissenschaftsdisziplinen, Kulturräume. Passau 2010

Benseler, F. u.a., (Hg.): Interkulturelle Kompetenz – Grundlagen, Probleme und Konzepte. In: Erwägen, Wissen, Ethik Jg. 14, 2003, H. 1, S. 137–228

Bolten, Jürgen: Einführung in die Interkulturelle Wirtschaftskommunikation. Göttingen 2007

Bosse, E. / Kress, B. / Schlickau, S.: Methodische Vielfalt in der Erforschung interkultureller Kommunikation an deutschen Hochschulen. Frankfurt 2011

Fischer, Veronika u.a. (Hg.): Interkulturelle Kompetenz. Fortbildung – Transfer – Organisationsentwicklung. Schwalbach 2005

Gudykunst, William B: Theorizing about intercultural communication: Thousand Oaks u.a. 2005

Haas, Helene: Das interkulturelle Paradigma. Passau 2009

Hepp, Andreas / Löffelholz, Martin (Hg.): Grundlagentexte zur transkulturellen Kommunikation. Konstanz 2002

Hoessler, U. / Dreyer, W. (Hg.): Perspektiven interkultureller Kompetenz. Göttingen 2011

Kumbier, Dagmar / Schulz von Thun, F: Interkulturelle Kommunikation: Methoden, Modelle, Beispiele. Reinbek 2006

Lüsebrink, Hans-Jürgen: Interkulturelle Kommunikation. Stuttgart 2005

Lüsebrink, Hans-Jürgen (Hg.): Konzepte der Interkulturellen Kommunikation. St. Ingbert 2004

Nicklas, Hans u.a. (Hg.): Interkulturell denken und handeln: theoretische Grundlagen und gesellschaftliche Praxis. Frankfurt/M. u.a. 2006

Osterwalder, Alois: Interkulturelle Kompetenz in der beruflichen Bildung. Bielefeld 2003

Otten, Matthias / Scheitza, Alexander / Cnyrim, Andrea (Hg.): Interkulturelle Kompetenz im Wandel. Frankfurt/M./London 2007

Rathje, Stefanie: Interkulturelle Kompetenz – Zustand und Zukunft eines umstrittenen Konzepts, Zeitschrift für Interkulturellen Fremdsprachenunterricht. 2006

Samovar, Larry A. (Hg.): Intercultural communication: a reader. Belmont, Calif. 2006

Schönhuth, Michael: Glossar Kultur und Entwicklung. Trier 2005

Schugk, Michael: Interkulturelle Kommunikation. Kulturbedingte Unterschiede in Verkauf und Werbung. München 2004

Sökefeld, Martin: Ethnologie und interkulturelle Kommunikation. Hamburg 2005

Thomas, Alexander u.a. (Hg.): Handbuch interkulturelle Kommunikation und Kooperation. 2 Bde., Göttingen 2003

Straub, J.; Weidemann, A. Weidemann, D. (Hg.): Handbuch interkulturelle Kommunikation und Kompetenz. Stuttgart/ Weimar 2007

Ting-Toomey, Stella: Understanding intercultural communication. Los Angeles, Calif. 2005

Yousefi, Hamid Reza/ Braun, Ina: Interkulturalität. Eine interdisziplinäre Einführung. Darmstadt 2011

6.1.2. Kulturbegriff und Kulturtheorie

Allolio-Näcke, Lars/Kalscheuer, Britta/Manzeschke, Arne (Hg.): Differenzen anders denken. Bausteine zu einer Kulturtheorie der Transdifferenz. Frankfurt/New York 2005

Assmann, Aleida und Jan: Das Gestern im Heute. Medien und soziales Gedächtnis. In: K. Merten u.a. (Hg.): Die Wirklichkeit der Medien. Bonn 1994, S. 114–140

Assmann, Aleida: Einführung in die Kulturwissenschaft. Grundbegriffe, Themen, Fragestellungen. Berlin 2006

Assmann, Jan: Das kulturelle Gedächtnis. Schrift, Erinnerung und politische Identität in frühen Hochkulturen. München 1997

Assmann, Jan: Nachwort. In: Esposito, Elena: Soziales Vergessen. Formen und Medien des Gedächtnisses der Gesellschaft. Frankfurt/M. 2002, S. 400–414

Beck, Ulrich: Was ist Globalisierung? Frankfurt/M. 1997

Bolten, Jürgen: Kultur als historisch vermittelte Reziprozitätsdynamik. In: S. Strohschneider/R. Heimann (Hg.): Kultur und sicheres Handeln. Frankfurt 2009, S. 239–256

Breidenbach, Joana/Zukrigl, Ina: Tanz der Kulturen. Kulturelle Identität in einer globalisierten Welt. Reinbeck 2000

Finke, Peter: Kulturökologie. In: Nünning Ansgar, Nünning Vera (Hg.): Konzepte der Kulturwissenschaften. Stuttgart 2003, S. 248–279

Geertz, Clifford: Dichte Beschreibung: Beiträge zum Verstehen kultureller Systeme. Frankfurt/M. 1992

Giddens, Anthony: Modernity and Self-Identity. Cambridge 1999

Hansen, Klaus Peter: Kultur, Kollektivität, Nation. Passau 2009

Hansen, Klaus Peter: Kultur und Kulturwissenschaften. Tübingen/Basel 2011

Harris, Marvin: Kulturanthropologie. Frankfurt/M. 1988

Hitzler, Ronald: Die ‚Entdeckung' der Lebenswelten. Individualisierung im sozialen Wandel. In: Willems, H./Hahn, A. (Hg.): Identität und Moderne. Frankfurt/M. 1999, S. 231–249

Karmasin, Helene/Karmasin, Matthias: Cultural Theory. Ein neuer Ansatz für Kommunikation, Marketing und Management. Wien 1997

Latour, Bruno: Wir sind nie modern gewesen. Versuch einer symmetrischen Anthropologie. Frankfurt/M. 2008

Mandelbrot, B. B./Hudson, R. L.: Fraktale und Finanzen. München 2007

Mörtenböck, Peter/Mooshammer, Helge: Netzwerk Kultur. Die Kunst der Verbindung in einer globalisierten Welt. Bielefeld 2010

Moosmüller, Alois (Hg.): Konzepte kultureller Differenz. Münster 2010

Nünning, Ansgar und Vera (Hg.): Einführung in die Kulturwissenschaften. Stuttgart/Weimar 2008

Rathje, Stefanie: Unternehmenskultur als Interkultur. Sternenfels 2004

Reckwitz, A.: Unscharfe Grenzen. Perspektiven der Kultursoziologie. Bielefeld 2008

Schütz, Alfred/Luckmann, Thomas: Die Lebenswelt als unbefragter Boden der natürlichen Weltanschauung. In: J. Bolten/C. Ehrhardt (Hg.): Interkulturelle Kommunikation. Sternenfels 2003, S. 43–58

Sowell, Thomas: Migrations and Cultures. A World View. New York 1996

6.1.3. Wahrnehmung, Images, Stereotype, Vorurteile

Allport, Gordon W.: Die Natur des Vorurteils. Köln 1971

Aronson. E. / Wilson, T. D. / Akert, R. M.: Sozialpsychologie. München (4) 2004

Ansorge, Ulrich / Leder, Helmut: Wahrnehmung und Aufmerksamkeit. Wiesbaden 2011

Bausinger, Herrmann: Typisch deutsch. München 2000

Bischof, Karin / Pelinka, Anton / Stögner, Karin: Vorurteile: Ursprünge, Formen, Bedeutung. Berlin / Boston 2012

Bolten, Jürgen: Die Entwicklung von Nationalstereotypen im Globalisierungsprozess. Hypothesen zum Auftakt einer international durchgeführten Langzeituntersuchung zu Veränderungen des Deutschlandbildes bei Studierenden. In: Zs. für interkulturellen Fremdsprachenunterricht. H. 2, 2006

Ewen, Elisabeth & Stuart: Typen & Stereotype. Die Geschichte des Vorurteils. Berlin 2009

Gegenfurtner, Karl R.: Gehirn & Wahrnehmung. Frankfurt/M. (2) 2004

Goffman, Erving: Rahmen-Analyse. Ein Versuch über die Organisation von Alltagserfahrungen. Suhrkamp 1992

Goldstein, Bruce: Wahrnehmungspsychologie. Heidelberg 2002

Lo, Daniel Tsann-ching: Die Bedeutung kultureller Selbst- und Fremdbilder in der Wirtschaft. Sternenfels 2005

Petersen, Lars-Eric / Six, Bernd: Stereotype, Vorurteile und soziale Diskriminierung: Theorien, Befunde und Interventionen. Weinheim/Basel 2008

Rock, Irvin: Wahrnehmung. Heidelberg/Berlin 1998

Rusterholz, Peter: Wie verstehen wir Fremdes? Bern u.a. 2005

Schäfer, Alfred: Selbstauslegung im Anderen. Münster 2006

Schönhammer, Rainer: Einführung in die Wahrnehmungspsychologie. Wien 2009

Spitzer, Manfred: Semantische Netzwerke. In: Ders., Geist im Netz. Heidelberg u.a. 2000

Stiersdorfer, Klaus (Hg.): Deutschlandbilder im Spiegel anderer Nationen. Reinbek 2003

Waldenfels, Bernhard: Grundmotive einer Phänomenologie des Fremden. Frankfurt/M. 2006

Wimmer, Andreas: Kultur als Prozess. Zur Dynamik des Aushandelns von Bedeutungen. Wiesbaden 2005

Wodak, Ruth u.a.: Zur diskursiven Konstruktion nationaler Identität. Frankfurt/M. 1998

6.1.4. Kulturelle Stile

Ackermann, Peter: Japanische Kultur und japanischer Wirtschaftsstil. In: R. Klump (Hg.): Wirtschaftsstruktur, Wirtschaftsstil und Wirtschaftsordnung: Methoden und Ergebnisse der Wirtschaftskulturforschung. Marburg 1996, S. 141–160

Ammon, Günther: Der französische Wirtschaftsstil. München 1989

Ammon, Günther/Knoblauch, J.: Der französische Managementstil. Zum Verständnis des Verhaltens französischer Führungskräfte. In: J. Bolten / D. Schröter (Hg.): Im Netzwerk interkulturellen Handelns. Sternenfels 2001, S. 226–241

Barmeyer, Christoph: Interkulturelles Management und Lernstile. Frankfurt/M. 2000

Barmeyer, Christoph: Kulturelle Lernstile. Erfahrungslernen und Bildungssysteme in Frankreich und Deutschland. In: Bolten, J. / Schröter, D. (Hg.): Im Netzwerk interkulturellen Handelns. Sternenfels 2001, S. 155–175

Clyne, Michael: Cultural differences in the organization of academic texts. In: Journal of Pragmatics 11. 1987, S. 201–238

Duszak, Anna (Hg.): Culture and styles of academic discourse. Berlin / New York 1997

Galtung, Johan: Struktur, Kultur und intellektueller Stil. Ein vergleichender Essay über sachsonische, teutonische, gallische und nipponische Wissenschaft. In: Bolten, Jürgen/ Ehrhardt, Claus (Hg.): Interkulturelle Kommunikation. Texte und Übungen zum interkulturellen Handeln. Sternenfels 2004, S. 167–216

Klump, Rainer (Hg.): Wirtschaftskultur, Wirtschaftsstil und Wirtschaftsordnung. Marburg 1996

Manschke, Doris/ Wiater, Werner (Hg.): Verstehen und Kultur: Mentale Modelle und kulturelle Prägungen. Wiesbaden 2012

Montiel Alafont, F. Javier: Werbegeschichte als Kulturgeschichte. Leipzig 2010

Raupp, J./Jarolimek, S./Schultz, F. (Hg.): Handbuch CSR: Kommunikationswissenschaftliche Grundlagen, disziplinäre Zugänge und methodische Herausforderungen. Wiesbaden 2011

Schanz, Claudia: Wege zur interkulturellen Schulentwicklung. In: Forum Lehrerbildung, Qualitätsentwicklung von Schulen. Hildesheim 2008, Heft 42, S. 16–23

Witchalls, Peter: Cultural Styles in Corporate Communication: An Analysis of Difference and Transformation in Cultural Communication Styles with a Focus on the Four Largest German and Four Largest U.S. American Banks over the Period 1997–2007. Hamburg 2010

6.1.5. Interkulturelles Lernen, Interkulturelle Personalentwicklung

Appelt, Dieter u.a. (Hg.): Orientierungsrahmen für den Lernbereich Globale Entwicklung im Rahmen einer Bildung für nachhaltige Entwicklung. Ergebnis des gemeinsamen Projekts der KMK und des BMZ. Bonn 2007

Auernheimer, Georg (Hg.): Interkulturelle Kompetenz und pädagogische Professionalität. Opladen 2008

Barmeyer, Christoph / Bolten, Jürgen (Hg.): Interkulturelle Personal- und Organisationsentwicklung. Sternenfels 2010

Bolten, Jürgen: Förderung interkultureller Kompetenz durch E-Learning. In: A. Hohenstein/K. Wilbers: Handbuch E-Learning, H.16. München/Unterschleißheim 2006

Bundeszentrale für politische Bildung (Hg.): Interkulturelles Lernen. Bonn 1998

Bolten, Jürgen: ‚Fuzzy Diversity' als Grundlage interkultureller Dialogfähigkeit. In: Erwägen – Wissen – Ethik (21). 2010, H. 2, S. 136–139

Bosse, Elke: Qualifizierung für interkulturelle Kommunikation: Trainingskonzeption und -evaluation. München 2011

Busch, Dominic: Interkulturelle Mediation. Eine theoretische Grundlegung triadischer Konfliktbearbeitung in interkulturell bedingten Kontexten. Fft./M. 2005

Busch, Dominic / Mayer, Claude-H.(Hg.): Mediation erforschen: Fragen – Forschungsmethoden – Ziele. Wiesbaden 2012

Diefenbach, H.: Kinder und Jugendliche aus Migrantenfamilien im deutschen Bildungssystem. Erklärungen und empirische Befunde. Wiesbaden 2007

Dreissig, Verena: Interkulturelle Kommunikation im Krankenhaus: Eine Studie zur Interaktion zwischen Klinikpersonal und Patienten mit Migrationshintergrund. Bielefeld 2005

Ehnert, Ina: Die Effektivität von interkulturellen Trainings : Überblick über den aktuellen Forschungsstand. Hamburg 2004

Fischer, Veronika / Springer, Monika / Zacharaki, Ioanna (Hg.): Interkulturelle Kompetenz. Fortbildung – Transfer – Organisationsentwicklung. Schwalbach/ Ts. 2005

Götz, Klaus: Interkulturelles Lernen/Interkulturelles Training. München/Mering (7) 2010

Gröschke, Daniela: Interkulturelle Kompetenz in Arbeitssituationen. Eine handlungstheoretische Analyse individueller und kollektiver Fähigkeiten. München/ Mering 2009

Grünhage-Monetti, Matilde: Interkulturelle Kompetenz in der Zuwanderungsgesellschaft: Fortbildungskonzepte für kommunale Verwaltungen und Migrantenorganisationen. Bielefeld 2006

Hamburger, Franz: Abschied von der interkulturellen Pädagogik. Plädoyer für einen Wandel sozialpädagogischer Konzepte. Weinheim/ München 2009

Hiller, Gundula Gwenn/ Vogler-Lipp, Stefanie (Hg.): Schlüsselqualifikation Interkulturelle Kompetenz an Hochschulen. Wiesbaden 2010

Konradt, Udo/ Behr, B.: Interkulturelle Managementtrainings. Eine Bestandsaufnahme von Konzepten, Methoden und Modalitäten in der Praxis. In: Zs. für Sozialpsychologie 33 (2002), S. 197–207

Kriegel-Schmidt, Katharina: Interkulturelle Mediation: Plädoyer für ein Perspektiven-reflexives Modell. Berlin/ Münster u.a. 2012

Kumbruck, C./ Derboven, W.: Interkulturelles Training. Heidelberg 2005

Kusche, Ramona: Interkulturelle Öffnung von Schulen. München 2012

Landis, Dan: Handbook of intercultural training. Thousand Oaks, Cal. u.a. (3) 2004

Müller-Jacquier, Bernd: Linguistic Awareness of Cultures. Grundlagen eines Trainingsmoduls. In: J. Bolten (Hg.): Studien zur internationalen Unternehmenskommunikation. Waldsteinberg 2000

Nazarkiewicz, Kirsten: Interkulturelles Lernen als Gesprächsarbeit. Wiesbaden 2010

Over, Ulf: Die interkulturell kompetente Schule. Münster u.a. 2012

Nieke, W.: Interkulturelle Erziehung und Bildung: Wertorientierung im Alltag. Wiesbaden (2) 2008

Peña, Jorge: Effektivität und Angemessenheit. Messung interkultureller Kompetenz im Assessment Center, Diss. Jena 2008

Piéch, Sylke: Das Wissenspotential entsandter Fach- und Führungskräfte. Zur systematischen Prozessoptimierung von Auslandsentsendungen. Sternenfels 2009

Podsiadlowski, Astrid: Interkulturelle Kommunikation und Zusammenarbeit: Interkulturelle Kompetenz trainieren; mit Übungen und Fallbeispielen. München 2004

Radtke, F.-O.: Schule und Ethnizität. In: W. Helsper & J. Böhme (Hg.): Handbuch der Schulforschung (2) 2008, S. 651–672

Ringeisen, T. / Buchwald, P. / Schwarzer, C.: Interkulturelle Kompetenz in Schule und Weiterbildung. Münster 2009

Rummler, Monika: Interkulturelle Weiterbildung für Multiplikator/innen in Europa. Frankfurt/M. u.a. 2006

Stoklas, Katharina: Interkulturelles Lernen im Sachunterricht. Historie und Perspektiven. Frankfurt/M. 2004

Thomas, Alexander: Interkulturelle Handlungskompetenz. Versiert, angemessen und erfolgreich im internationalen Geschäft. Wiesbaden 2011

Weidemann, Arne / Straub, Jürgen / Nothnagel, Steffi (Hg.): Wie lehrt man interkulturelle Kompetenz? Theorien, Methoden und Praxis in der Hochschulausbildung. Ein Handbuch. Bielefeld 2010

Wordelmann, P. (Hg.): Internationale Kompetenzen in der Berufsbildung: Stand der Wissenschaft und praktische Anforderungen. Bielefeld 2010

6.1.6 Interkulturelle Trainingsmaterialien

BMW AG (Hg.): LIFE – Ideen und Materialien für interkulturelles Lernen. Lichtenau 1997

Bolten, Jürgen: InterAct. Ein wirtschaftsbezogenes interkulturelles Planspiel für die Zielkulturen Australien, China, Chile, Deutschland, Dänemark, Frankreich, Großbritannien, Italien, Niederlande, Polen, Russland, Spanien und USA. Sternenfels, Berlin (2) 2001

Bolten, Jürgen: Interculture 2.0. Ein wirtschaftsbezogenes interkulturelles Online-Planspiel. Jena 2012 (www.interculturalcampus.org)

Brot für alle (Hg.): Bafa Bafa: Ein Gruppen- und Simulationsspiel zum Thema Kulturbegegnung, Tourismus in Entwicklungsländern, wir und die andern. Entwickelt vom Navy Personnel Research and Development Center, San Diego (Kalifornien/USA). Basel 1993

Cushner, K. / Brislin, R.W. (Hg.): Improving Intercultural Interactions. Modules for Cross-Cultural Training Programs. Thousand Oaks 1997

Deutsche Gesellschaft für Personalführung (Hg.): Interkulturelle Managementsituationen in der Praxis. Kommentierte Fallbeispiele für Führungskräfte und Personalmanager. Bielefeld 2004

Eickhorst von Klinkhardt, A.: Interkulturelles Lernen in der Grundschule. Bad Heilbrunn 2008

Gilsdorf, Rüdiger: Sich spielerisch mit dem Fremden auseinandersetzen. Eine Variation des Simulationsspiels Bafa Bafa. In: gruppe & spiel, Nr. 4. 1994, S. 38–42

Gugel, Günther: Praxisbox Interkulturelles Lernen: Interkulturelles Lernen. Grundlage, Ansätze, Materialien. Tübingen 2011

Haumersen, P. / Liebe, F.: Multikulti: Konflikte konstruktiv. Trainingshandbuch Mediation in der interkulturellen Arbeit. Mülheim 1999

Hoberg, Gerrit/Hoster, Hartmut: Trainingslager. Fairness – Toleranz – Zivilcourage. Bonn 2005

Hofmann, Heidemarie: Schlüsselqualifikation Interkulturelle Kompetenz: Arbeitsmaterialien für die Aus- und Weiterbildung. Bielefeld 2005

Huse, Birgitta: Interkulturelles Lernen: Materialien für offene Unterrichtsformen. Braunschweig 2003

Kim, You-Ri: Handreichungen für interkulturelle Kommunikationstrainings. Tostedt 2005

Kumbruck, Christel: Interkulturelles Training: Trainingsmanual zur Förderung interkultureller Kompetenzen in der Arbeit; mit 67 Folien und Materialien. Heidelberg (2) 2009

Laufmann, J. A.: Interkulturelles Lernen durch interkulturelles Training. München 2009

Losche, Helga: Interkulturelle Kommunikation. Sammlung praktischer Spiele und Übungen. Augsburg (2) 2000

Nipporica Associates: Ecotonos: a multicultural problem-solving simulation. New Edition. Yarmouth 1997

Osuji, Wilma: Die 50 besten Spiele zum interkulturellen Lernen - Don Bosco-MiniSpielothek. Werl 2010

Pedersen, P.: Multipoly: A Board Game. In: Simulation & Gaming, Nr.1, 1995, S. 109–112

Rademacher, H. / Wilhelm, M.: Spiele und Übungen zum interkulturellen Lernen. Berlin (3) 2009

Thomas, Alexander: Interkulturelle Handlungskompetenz. Versiert, angemessen und erfolgreich im internationalen Geschäft. Wiesbaden 2011

Thiagarajan, S.: Barnga: A simulation game on cultural clashes. Yarmouth 1990

Zacharaki, I. / Eppenstein, T. / Krummacher, M. (Hg.): Praxishandbuch Interkulturelle Kompetenz vermitteln, vertiefen, umsetzen. Schwalbach 2007

6.2. Links

Da Websites oft kurzlebig sind, beschränkt sich die Weblink-Auswahl auf einige wenige Adressen, die bereits über einen längeren Zeitraum interessante Materialien zur Interkulturellen Kompetenzentwicklung anbieten. Aktuelle Ergänzungen findet man am einfachsten über Suchmaschinen.

www.interkulturelles-portal.de
Das Interkulturelle Portal des Hochschulverbands für Interkulturelle Studien (IKS) ist derzeit das umfangreichste Forum für interkulturelle Praxis und Forschung im deutschsprachigen Raum. Es enthält u.a. Datenbanken mit Anbietern interkultureller Dienstleistungen (Trainer, Berater, Dolmetscher/Übersetzer, Fremdspracheninstitute, öffentliche Institutionen), Hochschulinstitute, die sich mit interkultureller Lehre, Forschung und wissenschaftlicher Weiterbildung befassen, Länder- und themenspezifische Expertendatenbanken, Angebote zum interkulturellen Lernen in der Schule, Trainingsmaterialien, Länderinformationen, Interkulturelle E-Learning-Angebote, eine Digitale Bibliothek mit Bibliographien und Fachliteratur zum Download, Stellenbörsen, Veranstaltungskalender, Foren, Chats, Newsletter und digitale Lernräume sowie Links zu internationalen Zeitungen, Radiostationen etc.

www.bildungsserver.de/Interkulturelles-Lernen-3430.html
Unter der Rubrik „Interkulturelles Lernen" findet man im Deutschen Bildungsserver außer Weiterbildungsangeboten u.a. Links zu Institutionen, die im Bereich der interkulturellen Forschung und Praxis tätig sind, sowie Hinweise auf aktuelle Veranstaltungen sowie Hinweise auf Publikationen.

www.ikkompetenz.thueringen.de
Auf die Inhalte des vorliegenden Bandes abgestimmt, bietet die in Zusammenarbeit zwischen dem Fachgebiet Interkulturelle Wirtschaftskommunikation der Universität Jena und der Landeszentrale für Politische Bildung Thüringen erstellte Website eine Fundgrube für Lehrende und TrainerInnen, die Übungsmaterialien zur interkulturellen Kompetenzentwicklung für den schulischen und weiterbildenden Bereich suchen.

www.youtube.de, Kanal „IntercultureTV"
Der Kanal „IntercultureTV" bietet eine Vielzahl kurzer Videocasts zu interkulturellem Grundwissen und zur Methodik und Didaktik interkulturellen Lehrens.

www.schulen-ans-netz.de/
Der Verein „Schulen ans Netz, e.V." hat seinen Materialpool auf das Thema „Migration und Integration" zugeschnitten.

www.etwinning.deund http://myeurope.eun.org
Die beiden EU-Programme vernetzen Schulen aus Europa über das Internet miteinander. Man kann Partnerschulen finden und in einem geschützten virtuellen Klassenraum länderübergreifend an gemeinsamen Unterrichtsprojekten arbeiten.

www.ida-nrw.de/projekte-interkulturell-nrw/such_ja/08mame_1/hinter_m.htm
Auswahl von online verfügbaren Artikeln und Aufsätzen mit Hintergrundinformationen im antirassistischen und interkulturellen Themenfeld.

www.kompetenz-interkulturell.de/
Dieses in Bayern erstellte Internetportal will Informationen und Unterstützung vor allem für Lehrkräfte anbieten, die Anregungen für den positiven Umgang mit kultureller und sprachlicher Vielfalt an den Schulen suchen (Beispiele und Projekte aus der Praxis für die Praxis).

www.interkulturelleslernen.eu/
  Interessante Seite des Englischen Seminars der TU Braunschweig – vor allem für den schulischen Bereich.

www.dija.de/ikl/
  Die Datenbank für Internationale Jugendarbeit des IJAB unterstützt Fachkräfte bei der Vorbereitung, Durchführung und Nachbereitung internationaler Jugend- und Fachbegegnungen. Die Toolbox hält einen reichen Fundus an methodischem Handwerkszeug und weiterführenden Literatur- und Linkhinweisen zum Thema bereit.

www.intercultural-campus.org.
  Onlinecampus des Hochschulverbandes für Interkulturelle Studien (iks), auf dem Vorlesungen und Selbstlernmodule zu interkulturellen Themen öffentlich zugänglich sind. An dem Campus sind 30 Hochschulen aus 16 Ländern beteiligt.

Anmerkungen

1 Petschenig, Der kleine Stowasser München 1969, S. 114.

2 Zit. nach Heinz L. Kretzenbacher, Der „erweiterte Kulturbegriff" in der außenpolitischen Diskussion der BRD. In: Jahrbuch Deutsch als Fremdsprache 18 (1992), S. 180.

3 Ebd.

4 Beck, Ulrich (1997): Was ist Globalisierung. Frankfurt/M., S. 46.

5 Beck, Ulrich (1997): Was ist Globalisierung. Frankfurt/M.

6 Herder, J. G., Auch eine Philosophie der Geschichte zur Bildung der Menschheit. Frankfurt/M. 1967, S. 44.

7 Laut Duden die Unwörter der Jahre 1991–1993 (in dieser Reihenfolge). In: Duden. Die deutsche Rechtschreibung. Mannheim 2000, Innenseite der hinteren Umschlagklappe.

8 Vgl. E.Dülfer, Internationales Management. München/Wien 1999 (6. Aufl.), S. 221.

9 K. Oberg, Cultural shock: adjustment to new cultural environments. In: Practical Anthropology, 7(1960), S. 177–182

10 Ausführlich dargestellt ist dies in einem Buch von H.Haken: Erfolgsgeheimnisse der Natur. Synergetik: Die Lehre vom Zusammenwirken. Frankfurt/M. 1994.

11 BMW AG, AK-4, Die langfristige Personalpolitik im BMW Konzern. Alex – Aktuelles Lexikon. München 1996.

12 Nach Günther Stahl, Internationaler Einsatz von Führungskräften. München/Wien 1998, S. 183 u. 201.

13 Vgl. Beispiele in der Darstellung von B. Müller-Jacquier, Linguistic Awareness of Cultures. Grundlagen eines Trainingsmoduls. In: J. Bolten (Hg.),Studien zur Internationalen Unternehmenskommunikation. Waldsteinberg 2000, S. 20–49.

14 www.wiwo.de/pswiwo/fn/ww2/sfn/buildww/id/126/id/96500/ fm/0/artpage/1/artprint/0/SH/0/depot/0/index.html; Zugriff: Mai 2006.

15 Beschluss der Kultusministerkonferenz vom 25.10.1996. In: Bundeszentrale für politische Bildung (Hg.), Interkulturelles Lernen. Bonn 1998, S. 310–316.

16 Ebd., S. 316.

17 Beschluss der Kultusministerkonferenz vom 25.10.1996. a.a.O., S. 313.

18 Vgl. die auf alle traditionellen Schulfächer bezogenen Überlegungen in dem von Hans H. Reich u.a. herausgegebenen Handbuch „Fachdidaktik aktuell". Opladen 2000.

19 Thüringer Kultusministerium, Lehrplan für das Gymnasium: Ethik, Klasse 10 („Zusammenleben in einer multikulturellen Gesellschaft"). Erfurt 1999, S. 56.